일본어로 당신의 꿈에 날개를 달아라

일본어 공부 하고 싶게 만드는 책

# 일본어로 당신의 꿈에 날개를 달아라

최수진 지음

세나북스

## 독자님 리뷰

이 책을 읽고 내가 받은 큰 자극은 방향성이었다. 무턱대고 일본어를 공부하기보다는 왜 일본어를 공부하는지에 대한 정확한 이유와 일본어를 공부한 후 무엇을 할 것인지 방향을 잘 설정해야 한다. 이왕 시간 들여 노력해서 배운 일본어를 더욱더 알차게 활용할 방법에 대한 고민이 필요하다는 것이다. 나도 일본어를 좀 더 공부해서 일본과 관련된 일을 하고 싶다. 그래서인지 일본어를 활용해서 일본과 관련된 일을 하고 책까지 쓴 최수진 작가님이 너무 부러웠다.

블로거 오세롱이 님

일본어 공부를 제대로 해보려는 사람 또는 지금 일본어 공부에 정체기를 느끼고 있는 사람에게 추천한다. 일본어 공부에 대한 테크닉이 아닌 일본어 공부를 포기하지 않고 꾸준히 애정을 가지며 할 수 있는 마음가짐부터 먼저 알려주시는 작가님, 책을 읽는 내내 따뜻한 진솔함이 깊이 느껴졌다.

블로거 쭈 님

일본어 관련 일을 하고 있는 나. 좋아하는 일본어로 일을 하고 있으면서도, 행복하면서도 실력이 좀처럼 늘지 않아 하루하루가 걱정이고 불안했다. 이 책을 읽으면서 내가 왜 일본어를 공부하게 됐는지 다시 생각하고 고민하게 되었고 정말 미칠 듯이 열심히 일본어 공부를 다시 해서 내가 좋아하는 일본어를 완벽하게 구사, 지금 하는 일을 멋지게 해내고 싶다.

블로거 콩개미8 님

내가 제일 신경 쓰고 있던 '일본어 공부 방법'을 먼저 읽기 시작했다. 페이지를 넘길 때마다 고개를 끄덕이며 보던 나는 '먼저 읽기 잘했다'라는 생각을 했다. 공부하기 쉽다고 생각했던 일본어가 처음에는 왜 그렇게 느껴졌는지, 지금은 왜 실력이 제자리걸음을 걷고 있는지 알게 되었다. 어렵게 생각했던 문제를 이렇게 쉽게 해결할 수 있었다니! 일본어 공부 초보인 나에게 해결책을 제시해 준 것만으로도 이 책은 도움이 되었다.

블로거 알파걸 님

# 4년 만에 달게 된 내 꿈의 날개

솔직히 고백하자면 4년 전, 그러니까 이 책을 처음 냈던 2015년 1월의 나는 이 책을 냈지만 스스로 당당하게 "나는 일본어로 내 꿈에 날개를 달았어"라고 할 만한 처지가 아니었다. 왜냐하면 내가 하는 일에 일본어를 거의 사용하지 못하고 있었다.

항상 '일본어를 사용하는 일을 하고 싶다', '내가 정말 좋아하는 일을 하고 싶다'라는 생각을 끊임없이 했으며 방법을 열심히 찾고는 있었다. 지금 와서 생각해 보면 이 책도 나 자신이 꼭 그렇게 되고 싶다는 바람으로 썼던 것 같다. 다행히도 지금은 당당하게 "일본어로 내 꿈에 날개를 달았다"라고 말할 수 있게 되었다.

지난 4년은 내 인생 전체를 통틀어 가상 바빴고 즐거웠고 신났으며 진정 내가 좋아하는 일을 찾아내서 그 일을 할 수 있었던 시기였다. 그리고 그 일에 일본어가 큰 힘이 되어주었다.

뭐 그리 대단한 일을 했냐고 묻는다면 대단한 일은 전혀 아니다. 단지 내가 좋아하는 일을 열심히 할 수 있었으며 최선을 다했다. 다행히 성과도 조금 있었다. 내가 평생 하고 싶은 책 만드는 일로 먹고살 수 있을 정도는 되었다.

지금처럼 책을 만들며 살 수 있게 된 바탕에는 분명 일본어가 있었다. 뛰어난 실력은 아니지만, 일본 관련 책을 만들고 일본어 교재를 교정·교열하는 정도의 일본어 실력은 갖추고 있다. 결국 내가 쓴 책 제목처럼 일본어로 꿈에 날개를 단 사람이 되었다. 일본어를 몰랐다면 가능하지 않았을 것이다.

일본어를 좋아해서 공부하기 시작했고 일본 문화에 관심이 많아서 관련 책도 많이 읽고 책도 쓰게 되었다. 이 모든 일은 책 만드는 일에 아주 큰 힘이 되어주었다. 일본어와 일본에 관한 책을 꼭 내고 싶어서 책을 썼는데 이 일을 계기로 출판에 본격적으로 관심을 가지게 되었다.

일본어 능력이 아주 뛰어나야만 일이나 다양한 분야에 일본어를 이용할 수 있는 것도 아니다. 내 일본어 실력도 중급 정도로 그리 뛰어나지 않다. 원하는 일을 할 수 있을 정도의 일본어 실력이면 충분하다. 많은 자기계발서가 "이 책을 읽으면 이런 뛰어난 능력을 갖출 수 있어요!"라고 말하지만 나는 "일본어를 아주 많이 잘하는 수준이 아니어도 일본어를 이용해 꿈을 이룰 수 있어요!"라고 말해주고 싶다.

출판에 대해 아무것도 모를 때 쓴 책을 다시 내 손으로 개정판을 내게 되어 부끄럽기도 하지만 책을 필요로 하는 누군가가 있다고 생각하며 다시 고개를 바짝 들고 긴장하며 문장 하나하나를 다듬었다.

난 덕후라고 할 정도는 아니다. 단지 일본이라는 나라에 관심이 많을 뿐이다. 나보다 더 일본에 관심이 많고 일본어를 잘하고 싶어 하며, 꿈을 이루는 데 일본어를 이용하고 싶은 분들에게 미약하게나마 도움이 되는 책을 쓰고 싶었고 분명 작은 힘을 보탤 수 있다고 생각한다.

시기적으로도 일본어를 하면 유리한 점이 많다. 현재 한국은 대학을 졸업해도 취직이 힘들다. 더 자세하게 말하면 좋은 일자리를 잡기가 힘들다.

일본은 경제 사정이 좋아져서 취업률이 높고 많은 외국인 인재가 필요하다. 특히 한국인을 선호하는데, 성실하고 일도 잘하며 일본어 습득 능력도 월등히 뛰어나기 때문이다. 일본에서 일할 기회를 얻을 좋은 시기라고 생각한다.

4년 전에도 일본어를 공부하면 일본이나 세계를 무대로 일할 수 있다는 언급을 했는데 지금이 도리어 당시보다 더 이 말이 맞는 환경과 분위기가 되었다. 내가 말한 대로 되어서 조금 우쭐하기도 하지만 결국 한국의 경제 사정이 좋지 않아 이렇게 된 것이니 마냥 기뻐할 일만도 아니다.

부디 이 책을 읽고 "일본어로 내 꿈에 날개를 달았다"라고 말하는 독자들이 많이 생겼으면 좋겠다. 내게는 이 책이 마치 부적 같은 존재다. 4년을 품고 있었는데 꿈이 현실이 되었다. 많은 분께 이런 일이 아니, 더 좋은 일이 많이 생겼으면 좋겠다. 원하고 노력하면 분명 뜻하는 바를 이룰 수 있다.

　나는 오늘도 꿈을 꾼다. 세상에 필요한 책을 만드는 꿈. 나이는 상관없다. 다른 누구와의 비교도 의미 없다. 영원히 꿈꿀 수 있는 사람만이 진정한 인생의 승자가 아닐까? 독자님들의 꿈에도 날개를 달 수 있기를 바라며 글을 마친다.

2019년 2월

최수진

일본어를 본격적으로 공부하게 된 계기는 절박함이었다. 1997년 IMF 경제위기 당시 입사 2년 차였다. 평생직장 개념은 하루아침에 무너져 내렸다. 옆자리의 동료가 갑자기 해고 통보를 받는 일이 일상이 되어버린 어느 날, 뼛속 깊이 깨닫고야 말았다. 회사에 대한 충성심 같은 건 고인돌보다 더 낡은 구석기 시대의 유물이라는 사실을. 정신을 차려야 했다.

곰곰이 생각해보니 실력만이, 요즘 말로 하자면 스펙만이 살길이었다. 당시 내가 택한 해결책은 일본어였다. 남들과 차별화되는 실력으로 갈고닦아야겠다고 결심한 나의 필살기(?) 일본어는 기대를 저버리지 않았다.

외국어 공부나 어떤 공부를 시작할 때 그 공부의 의미에 대해 깊이 생각해보는 사람도 있고 일단 시작해보자는 사람도 있을 것이다. 만약 일본어 공부를 결심했다면 일본어 공부를 시작하려는 이유에 대해 깊이 생각해봐야 한다.

특히 일본어를 전공하려는 학생이나 일본어를 자신의 특기로 만들어 경력에 보탬이 되길 원하는 사람들은 더 많이 일본어 공부의 본질에 대해 고민해야 한다.

'일본어는 정말 나에게 도움이 될까'라든지 '나의 선택이 과연 올바른 것인가'에 대해 확인하고 싶고 누군가에게 물어보고도 싶을 것이다. 주변에 일본어를 공부한 사람이나 관련된 일을 하는 사람이 있다면 물어볼 수도 있겠지만, 대부분은 사정이 여의치 않을 것이다.

이상하게도 일본어 잘하는 사람, 공부하는 사람은 많은데 왜 일본어를 해야 하고 하면 무엇이 좋은지에 대한 답은 어디에도 속 시원하게 나와 있지 않다.

어쩌면 이 책은 지난 15년 동안 자신에게 했던 질문에 대한 답일지도 모른다. 일본어가 재미있어서, 그리고 일본에 가보고 싶어서 시작한 일본어 공부는 생각보다 많은 것을 내게 가져다주었다. 그거야 개인의 운이 아니었냐고 쉽게 말할 수도 있겠지만 나는 그렇지 않다고 확신한다.

일본어를 배워서 어떻게 활용하겠다는 계획과 꾸준히 실력을 향상해 나갈 의지가 있다면 일본어는 강력한 아군이 되어 보다 나은 인생을 사는 데 도움이 될 수 있다.

일본어 공부가 재미있다면 일본어를 이용해 먹고살고 싶다는 생각도 들 것이다. 하지만 어떻게 해야 할지 그 방법을 모르고 좋은 사례를 보지 못해서 열심히 공부할 내적 추진력이 없다면 이 책이 그 망설임의 시간을 줄여 줄 수 있다.

평생 이루고 싶은 꿈이 있다면 그 꿈에 일본어의 힘을 더해보자. 더 큰 가능성, 또 다른 세계와 만나는 자신을 발견하게 될 것이다. 이 책이 일본어 공부를 시작하는데 좋은 계기가 되고 책들 읽는 모든 분이 성취하고 싶은 꿈을 이루는 데 도움이 되었으면 한다.

# 목차

## Part 3 일본어로 인생 역전

# Part 4 일본어 공부 방법

## Part 5  일본어로 내 인생·커리어 업그레이드

## 일본 문화 칼럼

Part 1

왜 일본어인가?

# 왜 일본어가
# 다른 언어 공부보다 유리한가?


초등학교부터 대학교까지 우리는 무려 5만 시간 이상을 공부한다. 그런데 대학을 졸업해도 배울 것이 남아있다. 아니, 배울 것이 더 많다. 그리고 대학까지는 수동적인 공부지만 직장을 다니면서는 공부하고 싶거나 배우고 싶은 분야를 자신이 선택할 수 있다. 취미 생활을 할 수도 있겠지만, 요즘같이 경쟁이 치열한 세상에서 취미생활만 하면서 살 수는 없다. 자기계발. 요즘 직장인들에게 이 단어는 필수품이 된 지 오래다.

어떤 자기계발을 하고 있는가? 자기계발 중에서 가장 인기 있는 분야는 무엇일까? 단연 외국어다. 매년 관련 기관이 대학생과 직장인을 대상으로 어떤 자기계발을 하고 있는지를 조사하는데 압도적 1위는 항상 외국어 공부다.

자기계발에는 취미활동, 어학 공부, 독서, 진학 등 다양한 분야가 있는데 유독 외국어가 가장 인기인 이유는 무엇일까? 외국어가 다른 능력보다 차별성과 효과성에서 뛰어나기 때문이다. 쉽게 시작할 수 있다는 장점도 있다. 아주 특수한 외국어를 제외하고 영어, 일본어, 중국어 등은 공부하기로 마음먹었다면 내일이라도 아니, 오늘이라도 당장 시작할 수 있다.

한 해의 시작을 항상 새로운 결심과 함께 여는 우리. 올해 혹시 어학 공부를 하기로 결심했는가? 일본어를 공부하겠다고 결심했는지도 모르겠다. 얼마만큼 진행되었는가? 노력한 만큼 그 결과가 와 닿는가? 아니면 벌써 포기를 한 건 아닌지? 어떤 결심을 하고 꾸준히 진행하기는 말처럼 쉽지 않다. 어떤 분야든 마찬가지겠지만, 어학도 그 결과가 쉽게 금방 손에 잡히지 않는다.

그러다 보니 처음에 세웠던 계획이나 거창한 포부는 시간의 흐름 속에 가을 낙엽처럼 바닥에 떨어져 나뒹구는 한심한 신세로 진락하고 만다.

여기서 나는 한 가지 제안을 하고 싶다. 일본어 공부를 해보는 건 어떠냐고 말이다. 물론 일본어를 쓸 일도 없고 아무리 생각해도 마음이 안 내킨다면 강요할 생각은 없다.

하지만 일본어를 공부하고 그 덕을 톡톡히 본 한 사람으로서 일본어를 공부해보니 이런 점이 좋더라는 이야기를 기회가 되면 꼭 정리해보고 싶었다. 일본어를 공부하기 전에 뚜렷한 방향성을 가지고 시작한다면 더 좋은 결과를 얻을 수 있다.

먼저 어학이 왜 자기계발로서 투자가치가 있는지 이야기하고 싶다. 그중에서도 일본어가 왜 유리할까?

어학은 기술이다. 남들과 분명히 차별화되며 관련된 각종 공인 시험이 존재하기에 100% 정확하지 않더라도 객관적인 검증 방법이 존재한다. 기획, 영업 같은 업무 분야에서 어떤 사람을 사전에 검증한다는 것이 가능할까? 결국은 일을 시켜봐야 알게 된다. 그래서 요즘 대부분 기업은 채용 시 직원이 같이 일해본 지인을 추천하는 방식을 선호한다. 면접을 아무리 심층으로 진행해도 그 사람의 업무능력을 파악하는 데 한계가 있다.

하지만 어학은 공인 점수가 존재하니 채용 시 실시간 실력 파악이 가능하다. 어학 능력이 출중한 사람에게 공인 점수는 이보다 더 좋을 수가 없는 경쟁자와의 차별 포인트가 된다. 일본어는 관련 능력 평가 시험으로 JPT(Japanese Proficiency Test)와 JLPT(Japanese Language Proficiency Test)가 있다. JPT는 TOEIC처럼 점수를 획득하는 시험이고 JLPT는 레벨이 네 등급으로 세분되어 있고 시험으로 각 레벨에 대한 합격 여부를 가리는 방식이다.

그러면 전통의 강자 영어, 요즘 뜨는 샛별 중국어를 두고 일본어에 주목하라고 하는 이유는 무엇일까? 일단 모든 언어에 공통되는 장점이겠지만 언어는 한 번 익히고 나면 거의 변화가 없다.

나는 8년 정도 IT 프로그래머로 일했는데 항상 새로운 기술이 나와서 습득하느라 힘들었다. 물론 기본지식은 유사하지만, 신규 프로젝트에서 익숙하지 않은 프로그래밍 언어를 사용하려면 초반에 그 언어에 적응하느라 스트레스를 받았다. 겨우 익히고 나면 또 새로운 언어가 등장

하고…. 물론 외국어도 살아있는 생물과 같이 서서히 변한
다. 하지만 아주 서서히, 거의 눈치 못 챌 정도로만 움직인
다. 급변하는 다른 첨단 기술들과 달리 한 번 배우면 평생
을 쓸 수 있는 아주 효율 높은 기술이 바로 외국어다.

그중에서도 일본어는 다른 외국어와 차별되는 여러 장
점이 있다. 외국어를 배우는 이유는 다양하겠지만 크게 두
가지 정도로 나눌 수 있어 보인다. 당장 써야 해서 어쩔 수
없이 습득하는 경우와 당장 사용할 일은 없으나 자기계발
을 위해 하나 정도 해 놓고 보자는 경우다.

전자는 예기치 않게 해당 언어를 사용하는 나라에 가
서 살게 되었거나 관련 업무를 맡게 된 경우일 것이다. 만
일 외국어 공부 이유가 후자인 경우, 즉 특정 언어를 자기
계발이나 취미로 배운다면 다른 언어보다 일본어를 공부
하라고 말해 주고 싶다. 그 이유는 간단하게 다음과 같다.

· 노력한 만큼 결실이 나온다
· 일본어는 생각보다 사용 가치가 높다
· 일본어는 재미있다

자기계발에서 가장 중요한 포인트는 무엇일까? 어떤 자기계발이든 가장 중요한 것은 내게 맞는 목표를 정해서 꾸준히 해나갈 '동력'이 존재해야 한다는 점이다. 그러려면 무턱대고 남들이 하니까, 막연히 좋아 보여서라는 이유로 이런 중요한 결정을 해서는 안 된다. 왜 그 능력이 필요하고 나에게 어떤 도움이 될 것인지 한 번쯤은 진지하고 심도 있게 고민해봐야 한다.

나이가 들수록 가장 중요하게 생각되는 자원은 바로 시간이다. '이거 해보다가 안 되면 다른 거 해보지 뭐'라고 안일하게 생각하는 사이에 가장 귀중한 시간이라는 자원은 덧없이 아무 성과도 남기지 못한 채 우주 저 멀리 날아가 버린다. 이런 시행착오를 줄이는 것도 이 책의 큰 목적이다.

왜 일본어를 공부해야 하는지, 공부해서 도대체 나에게 어떤 점이 유리할지를 반드시 진지하고 철저하게 고민해야 한다. 이런 노력이 바로 성공적인 자기계발의 첫걸음이고 내 인생을 바꾸는 시금석이 된다.

# 한국은 좁다
# 세계로, 일본으로 가자

"누가 일본 회사 기숙사에 참치죽 캔을 두고 갔는데 그 거 먹고 완전 감동했어."

대학을 졸업하고 처음 입사한 회사에는 일본 IT 일을 하는 소프트웨어 수출팀이 있었다. 나는 국내 업무 부서에서 일 했는데 같은 팀의 선배 중 해외팀 출신이 몇 명 있었다.

일본에 출장 가서 주말에 디즈니랜드에 놀러 간 이야 기, 일본 현지 숙소를 같이 쓰는 다른 회사 직원이 참치 죽 을 두고 가서 먹었는데 일본 음식 먹다 한식 먹으니 기가 막히게 맛있었다 등, 일본 출장에 얽힌 소소한 이야기들이 나의 흥미를 사정없이 잡아끌었다.

이때부터 '일본에서 일하면 재미있겠다'라는 생각이 들었다. 때마침 나온『일본은 없다』,『나는 일본 문화가 재미있다』같은 책들은 더더욱 나의 일본에 대한 관심과 호기심을 자극했다.

이런 관심은 결국 일본 어학연수로 이어졌고 1년간의 일본 생활 후 한국으로 돌아와 일본 IT 일을 하는 회사에 입사하게 되었다. 무려 2년 이상의 노력을 기울여 그토록 입사하기 원하던 회사에 들어가게 되었을 때의 기쁨은 말로 표현할 수가 없었다. 그리고 드디어 첫 일본 출장을 가게 된 날, 그날의 설렘은 아직도 생생하다.

3년 넘게 일본 출장도 다니며 열심히 일본인들과 함께 일했다. 일본에서 비즈니스를 하면서 바라본 일본은 어학연수를 할 때와는 또 다른 색다른 차원의 경험을 안겨주었다. 일본에서 일하면서 마음고생은 했지만, 그들을 보면서 많은 것을 보고 느꼈다. 회사에는 뜻밖에 일본어 전공자나 일본인과 비즈니스가 가능한 정도의 일본어를 구사하는 사람이 드물어서 일본 어학연수 다녀온 덕을 톡톡히 봤다. 일본어가 가능하니 책임지의 임무가 주어져서 일반 사원으로 일하는 것보다 더 많이 일을 배울 수 있었다. 주도적으로 일을 추진하고 주어진 문제들의 해결 방법을 스스로 고민해야 했다. 이때 키웠던 업무 역량은 두고두고 그 이후의 회사 생활에도 큰 도움이 되었다.

한국에서 어학원에 다니며 일본어 공부를 1년 가까이 했지만 처음 어학연수로 일본에 갔을 때는 왕초보 일본어 실력이었다. 하지만 정말 잘한 선택 중 하나는 일본 여대생 기숙사를 숙소로 정한 일이다. 한 유닛에 5명이 생활하는데 기숙사에서 정한 기본 인원 구성이 일본인 세 명에 외국인 두 명이었다. 그래서 평균적으로 일본인 세 명, 미국인 한 명, 한국인 한 명이 각자 방을 하나씩 가지고 거실과 부엌, 욕실을 공유하면서 함께 생활했다. 요즘 말로 하면 셰어하우스였다.

덕분에 학교에서 배운 일본어를 신나게 연습해볼 수 있었다. 일본인 친구들은 나의 일본어 공부에 많은 도움을 주었다. 사실 일본 어학연수를 다녀와도 일본인 친구 사귀기가 여건상 어려운데 일본 친구들과 같이 먹고 자고 하다

보니 아주 친해져서 18년이 지난 지금도 연락하고 지낸다.

얼굴은 자주 못 보지만 행복한 추억을 공유한다는 사실은 시간과 공간을 넘어 우리에게 여전히 큰 기쁨을 전해준다. 일본어 공부에 더불어 따라오는 너무나도 즐거운 경험이다. 일본인 친구 중 한 명은 나와 친해지면서 한국에 관심이 생겨서 한국으로 일하러 오기도 했다. 정말 뿌듯한 경험이었다.

일본은 1990년대 초반부터 경제 불황을 겪었지만, 근래 20년 동안 세계 2위의 경제 대국이었고 현재도 세계 3위의 경제력을 가진 국가다. 젊은 시절 일본에서 직장생활을 경험하면 견문을 넓힐 수 있다. 그들을 보고 배우기도 하고 비판하기도 하면서 인생을 살아가는 훌륭한 감각을 많이 익힐 수 있고 한국에서 일하면서 일본에서의 좋은 경험들을 잘 살려볼 수도 있다.

요즘 불황으로 취직이 쉽지 않고 특히 청년실업은 큰 사회문제가 되고 있다. 한국에서 착실하게 기본 실력을 쌓아 자신의 전문분야에 대해 경험을 쌓고 더불어 일본어까지 공부한다면 일본에 취직하는 길은 얼마든지 열려있다.

요즘은 정부에서도 일본을 비롯한 해외 취업을 적극적으로 권장하고 각종 지원책을 내놓고 있다.

당장 일본어를 잘 못 한다 해도 일본 취업을 너무 두려워할 필요는 없다. 회사에서 일본 일을 할 때 대단한 분을 만난 적이 있다. 이분은 외주사원이었는데 경력도 적지 않고 프로그래밍 능력도 뛰어났지만, 일본어는 전혀 못 했다. 그런데 일본어를 너무 배우고 싶어 해서 우리 일본 출장 팀에 합류하게 되었다.

일을 시작할 때 히라가나부터 공부한 이분은 일 년 반쯤 뒤에는 일본 담당자와 일본어로 업무 대화를 척척 하고 있었다. 나중에 일본어 실력이 비약적으로 발전한 비결을 들어보니 일본드라마를 적극적으로 활용했다고 한다.

일본드라마를 한 편 골라서 자막은 절대 보지 않고 몇 번이고 듣고, 들리는 내용을 공책에 적는 연습을 했다고 한다. 제대로 들리고 정확하게 쓸 수 있을 때까지 몇 번이고 반복하는 방식으로 공부했다고 한다.

이런 방법은 정말 효과가 있다. 나중에 일본인 담당자가 '처음에 만났을 때는 인사도 제대로 못 하더니 지금은 우리와 업무를 진행하는 데 전혀 문제가 없다'라며 칭찬하고 놀라워했다. 기회만 있다면 일본어를 당장 못한다고 해서 일본 일에의 도전을 꺼리지 말고 적극적인 자세를 취할 필요가 있다. 자신감을 가지자.

일본에서 일하면서 느낀 점 중 하나는 그들과 신뢰 관계를 쌓기는 어렵지만 한 번 신뢰를 구축하면 배신하지 않는 특징이 있다는 것이다. 일본어를 익혀서 일본인들과 비즈니스를 하면서 특화된 분야의 일본 전문가가 되어보자. 의외로 한국에는 일본 전문가가 적다.

일본어를 잘하면 일본뿐 아니라 다른 나라에 가서 직장 생활을 할 때도 유리하다. 일본어를 필요로 하는 나라가 많기 때문이다. 호주도 일본인이 많이 거주하고 있어서 일본어가 필요한 비즈니스가 많다. 일본어를 잘하면 일자리를 얻거나 아르바이트를 구하는 데 많은 도움이 된다.

또 한 가지 분명한 것은 세계 어느 나라를 가도 일본인 친구를 사귀는 데는 일본어를 할 수 있다는 사실이 큰 도움이 된다는 것이다. 젊었을 때 한 번쯤 외국에서 공부도 하고 일도 해보는 것은 평생 큰 자산이 된다. 기회가 있다면 세계로, 일본으로 나가자!

# 일본이 지는 해,
# 곧 망할 나라라고?


"일본은 곧 망할 나라"란 이야기를 듣고 일본에 부임한 것이 2005년 7월이다. (…) 1990년대 중반까지 일본 특파원들이 보내는 글은 "일본은 이렇게 하는데 우리는 왜"라는 식의 글이 많았다. 압도적이었다. 하지만 그 후 2000년대 중반까지 "일본이 이런 식으로 하다 '잃어버린 10년'을 겪고 있다."는 반면교사의 글이 많아졌다.

- 선우정, 『일본 일본인 일본의 힘』


일본은 '잃어버린 20년'이라고 불리던 장기 불황에서 탈출하고 있다. 사실 일본은 이미 2005년에 불황에서 어느 정도 벗어났다. 일본은 체계적인 구조 개혁, 규제 완화, 제조업의 부활로 장기 불황을 극복했다는 평가를 받고 있다.

특히 일본 기업의 강점은 제조 현장에 있다. 이우광의 『일본 재발견』에서도 '잃어버린 10년' 동안 일본 경제를 지탱시킨 버팀목이 바로 제조 현장이라고 분석하고 있다.

서현섭은 『지금도 일본은 있다』에서 '잃어버린 10년'에 대해 "금융과 건설토목 분야는 침체를 면치 못한 게 사실이나 제조업 분야는 '잃어버린' 적이 한 번도 없었다"고까지 말한다.

2004년을 시작으로 지난해까지 대일 무역적자는 매년 200억 달러 이상을 유지하고 있으며 2008년(327억 달러)과 2010년(361억 달러)에는 300억 달러를 돌파했었다. 수입액이 수출액의 두 배에 이르는 상태다. 전기와 전자 등 주요 수출 산업을 중심으로 부품이나 소재를 일본에 의존한 결과다. 여전히 일본의 제조업은 무시할 수 없으며 언젠가 우리가 넘어야 할 산으로 여전히 건재를 과시하고 있다.

선우정 기자의 『일본 일본인 일본의 힘』의 표현을 빌자면 2005년에 이미 일본 정부는 '효율성'을 되찾고 있었으며, 일본 산업은 차세대 신천지로 진화할 때였다고 한다.

또한, 일본은 지금 21세기 세계 산업을 끌어갈 환경기술의 90% 이상을 쏟아내고 있으며, 패션, 건축, 팝아트 등 상위문화는 물론 애니메이션, 게임, 캐릭터 등 오락문화, 스시(초밥), 가이세키(일본식 정식 요리), 라멘(일본식 라면) 등 음식문화까지 세계로 발산하여 'Cool Japan(멋진 일본)'이란 국가 이미지를 구축해놓은 상태라고 일갈한다.

일본은 여전히 미국, EU와 함께 세계 경제의 3극을 형성하고 있다. 세계적으로 문화적인 위상도 날로 높아지고 있다. 아직은 결코 무시할 수도, 무시해서도 안 되는 나라다. 국민대 정치외교학과 한상일 명예교수는 조선일보와의 인터뷰에서 일본 정치인들의 잇따른 망언(妄言)이 일본이라는 나라를 과소평가하게 하는 측면도 있는 것 같다는 질문에 다음과 같이 말했다.

일본이 메이지유신 후 서구 문명을 받아들이면서 강대국으로 떠올랐다가 침략 전쟁으로 패전국이 됐으나, 다시 경제

대국으로 일어선 저력을 과소평가해서는 안 된다. 최근 한국에서 중국의 부상에 압도된 탓인지, 일본에 관한 연구와 관심이 상대적으로 줄어들고 있다. 지금이야말로 일본의 경험과 미래 발전 전략을 적극 연구할 때다. 일본이 경제 대국이 된 90년대 이후 국가 목표를 상실하고 혼란을 거듭하고 있는 것은 우리의 미래 전략을 설정하는 데도 반면교사가 될 만하다.

현재의 일본에 대해 우리가 어떻게 생각해야 하는지에 대한 가장 참고할 만한 말이다.

일본인들 중에는 예나 지금이나 우리가 상상하기 어려울 정도로 지적 호기심이 강하고 배우는 데 목숨을 걸고 나서는, 개성파의 인간들이 상당히 많이 있다. 모방은 학습과 창의성을 계발하는 과정이다. 우리가 모방이나 하는 일본인들이라고 폄하했던 그들이 물리, 화학 등 자연과학 분야에서 9명의 노벨상 수상자를 배출한 것은 어떻게 설명해야 하는가.

　　　　　　　　　　　　　　　- 서현섭, 『지금도 일본은 있다』

일본은 최근 과학 분야에서 많은 노벨상을 받고 있다. 2012년에도 노벨 생리·의학상 수상자가 일본에서 나왔다. 만능 줄기세포를 만들어 낸 교토대 야마나카 신야 교수가 주인공이다. 신야 교수가 일본에 안겨준 19번째 노벨상으로 일본 열도가 떠들썩했다. 2018년에도 일본은 노벨 생리·의학상을 받는 등 거의 매년 과학 분야의 노벨상을 받고 있다. 부럽다는 생각이 든다.

일본에 대해서는 과대평가와 과소평가가 존재해 왔다. 하지만 이제는 이러한 왜곡된 시각보다는 그들을 정확하게 알고 우리가 배워야 할 것이 있으면 배우고 잘못된 것이 있다면 반면교사로 삼는 지혜가 필요한 시기다.

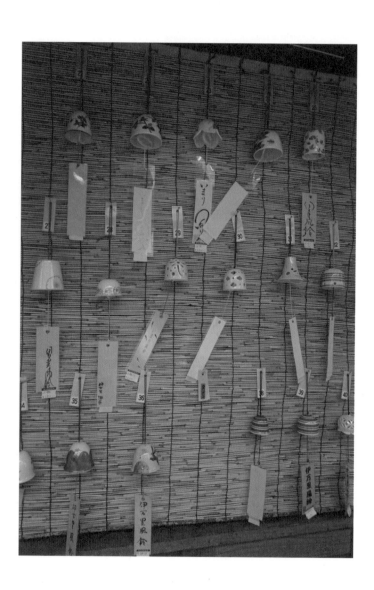

# 일본어는 배우기 쉽다?

일본어를 처음 배우면 공부하는 재미가 쏠쏠하다. 왜냐하면, 한국어와 어순과 문법이 유사해서 자신감을 가질 수 있기 때문이다. 문법이 어려워서 일본어를 포기한다고도 많이 알려졌다. 하지만 초반에 문법을 집중적으로 공부해서 통달하고 나면 다시는 공부할 일이 없으므로 문법 때문에 미리 겁먹을 필요는 없다.

　일본어를 전혀 모르고 일본에 가도 곳곳에 쓰여 있는 한자를 보고 대충 내용을 파악하는 분들도 있다. 한자에 익숙하지 않은 사람들은 한자 때문에 일본어 공부를 시작도 전에 두려워하지만, 한자도 익힌다는 긍정적인 마음을 가진다면 일본어 공부가 더 재미있어진다.

일본어는 영어와 마찬가지로 한국에서 인기 있는 외국어라 수십 년간 다양한 교육교재와 콘텐츠가 이미 넘칠 만큼 많이 존재한다. 「일본어 저널」과 같은 일본어 전문 잡지는 2019년에 창간 32주년을 맞이했다. 잘 선택해서 공부한다면 자료는 걱정할 필요가 없다. 외국어를 공부할 때 이런 점도 상당히 중요하다.

어학연수로 처음 일본에 갔을 때 가장 큰 걱정은 직장도 그만두고 돈도 많이 투자해서 어렵게 왔는데 일본어가 생각한 만큼 늘지 않으면 어쩌나 하는 점이었다. 일본에서 10개월쯤 생활한 뒤 몇 가지 깨달음을 얻을 수 있었다. 일본어를 잘하게 되는 것은 정말 어려운 일이지만 열심히 하다 보면 자신도 모르는 사이에 실력이 많이 는다는 사실이다.

일본어 실력 향상의 일등 공신은 일본어 학교 수업이었다. 학교 수업은 거의 빠지지 않고 수업도 열심히 들었다. 첫 3개월에는 문법을 집중적으로 공부하고 그 후에는 어휘력을 늘리는 수업을 받았다. 이 방법은 굉장히 효과가 있어서 나를 비롯한 주변 친구들도 6개월쯤 지나서 중급반 정도 되니 일본어 회화 실력이 꽤 늘어 있었다.

일본인 친구와 대화를 많이 하면 분명 일본어 실력 향상에 도움이 된다. 이 말이 틀린 것은 아니지만, 반드시 알아야 할 것이 있다. 기본적으로 문법이나 어휘력이 없으면 이 방법이 큰 도움은 안 된다는 사실이다. 학습을 통한 지식이 이미 머리에 들어 있는 상태에서 일본인과 대화를 하면 큰 효과가 있다. 반복 학습을 통한 복습 효과가 상당히 크기 때문이다. 한 마디로 일본어가 머리에 콕 하고 박힌다.

외국어 구사 능력은 수직으로 상승하는 것이 아니라 계단식으로 향상된다. 그래서 열심히 하면서도 실력이 늘었다는 것을 잘 못 느끼다가 계단으로 싹 올라가는 느낌이 어느 날 갑자기 등뼈를 타고 올라온다. 초보는 벗어난 상태에서 꾸준히 일본어에 노출되면 한국 사람의 경우 6개월 정도면 상당한 실력향상을 기대할 수 있다. 일본어를 많이 접하는 가장 좋은 방법은 역시 TV 시청이다.

일본에 갔을 때 개인적으로 가지고 있는 TV가 없어서 거실에서 친구들과 보곤 했다. 처음에는 한마디도 제대로 안 들렸다. 그래도 한국에서 공부를 조금 하고 왔는데 기가 막힐 노릇이었다. 일본에 가서 2, 3주 정도는 일본 방송이 저런 거구나 하고 신기해하며 TV를 봤지만 무슨 말인지 못 알아들으니 재미가 없었다. 그 후로 두 달 가까이 TV를 거의 보지 않았다.

그러다가 미국으로 돌아가는 친구에게 비디오비전(텔레비전과 비디오를 합친 가전 제품)을 팔천 엔에 사서 내 방에서 TV를 볼 수 있게 되었다. 오랜만에 새로 시작한 드라마를 봤는데 일본말이 제법 많이 들렸다. 그때의 기분이란 표현이 안 된다. 소위 말하는 '귀가 뚫린' 것이다. 이후로 TV를 더욱 열심히 보게 되었다. 방에 있을 때는 특별한 경우를 제외하고 항상 틀어놓았다.

특히 드라마는 일상용어라 말이 쉽고 내용도 재미있어서 좋은 공부가 되었다. 6개월 정도 지나자 드라마에 나오는 말을 대충 다 알아들을 정도가 되었다. 이 방법도 일본 친구들과 이야기하는 것과 마찬가지로 TV만 봐서는 실력이 잘 안 늘고, 따로 책상 앞에 앉아서 어휘력 늘리는 공부를 해야 한다. 앞서 이야기한 것처럼 듣고 받아쓰기를 해보는 것도 좋은 방법이다.

　역시 어학 공부에는 왕도가 따로 없다. 많이 보고, 읽고, 쓰고, 시간을 투자하지 않으면 안 된다. 일본어는 분명 다른 언어보다 한국 사람이 배우기 쉬운 언어다. 그리고 투자한 만큼 반드시 거두어들일 수 있다는 믿음을 가지자. 사실이 그러하니까 말이다.

# 일본어 공부에 확실한 동기가 있다면
# 금상첨화다


일본어 공부를 시작하는 계기로 일본의 책, 드라마, 영화, 음악 등 문화 콘텐츠를 접하면서 관심을 가져서라는 사람이 많다. 일본 여행에서 간단한 의사소통을 하고 싶어서 일본어를 배우고자 하는 경우도 많다. 이처럼 특별한 동기나 계기가 있다면 일본어를 공부하는 데 지속적인 추진력이 되므로 원하는 수준만큼 공부를 계속해나가는 데 큰 도움이 된다.

일본에서 4개월 동안 한국어를 가르친 경험이 있다. 새로운 수강생이 오면 항상 '한국어를 배우게 된 계기가 뭔가요?'라고 물어봤다. 사실 제일 궁금한 점이 아닐 수 없다. 상당수가 한국영화 《쉬리》가 너무 인상적이어서 한국에 관심을 두게 되었다고 했다. 한국에 관심을 가지게 되니 한국에 여행도 가고 싶고 한국 친구도 사귀고 싶어진다. 그러려면 한국어를 배워야겠다는 생각이 자연스럽게 들게 된다.

요즘 한국어를 배우는 일본인과 외국인이 급증했다. 바로 '한류'의 영향이다. 한국의 드라마, 영화, K-POP 등이 한국어 공부의 동기가 되었음은 두말할 필요가 없다.

이처럼 일본어도 공부하고자 하는 확실한 동기나 계기가 있다면 일본어 정복은 한결 쉬워질 수 있다. 일본어를 내가 이루려고 하는 어떤 일이나 꿈의 수단으로 사용하면 좋다. 일본어와 나의 특기, 기술을 결합하면 좋은 결과를 기대할 수 있다.

Part 2

일본어로 밥 먹고 살기

# 일본어만 잘해서는
# 안 된다

오비디우스의 변신 번역 얘기를 해보자. 이거 수입은 얼마
안 된다. 라틴어 공부하려고 번역하고 있다. (번역 중인 원
전을 보여주며) 라틴어와 영어로 같이 나와 있는 책이다. 책
의 왼쪽은 라틴어, 오른쪽은 영어다. 진행에 엄청 시간이 걸
린다. 영어로만 된 걸 번역하는 것과 비교가 안 된다. 사전
찾아야 하고. 라틴어 공부를 한다는 희망이 있기에 하는 것
이다.

- 이종인(번역가)

일본어만 잘해도 먹고 살 수 있다. 통역사, 번역가 등의 직업이 대표적이다. 국제회의에서 멋있게 통역하는 통역사나 유명 외국 작품을 맛깔스럽고 읽히기 쉽게 우리말로 번역하는 번역가는 멋진 직업이다. 물론 해당 분야 최고 전문가답게 끊임없는 공부와 철저한 자기관리가 필요하다. 선망의 대상이지만 절대 쉽지 않은 길이다.

일본어 번역가로 활동하기 위해서는 일본어만 잘해서는 안 된다. 나도 한때 일본어 번역가가 되고 싶다는 꿈을 꿨지만 내가 잘할 수 있는 일이 결코 아니었다. 번역가 이종인 씨의 「주간조선」 인터뷰(2012.08.11)를 읽고 번역가라는 직업의 대단함에 새삼 놀랐다. 번역가가 단순히 외국어를 번역하는 직업이라고 생각하면 안 된다. 원작에 대한 철저한 이해를 바탕으로 엄청나게 많은 공부를 해야 한다.

좋은 번역을 위해서는 학구파가 되어야 한다. 이종인 씨는 책 한 권 번역을 위해 원서 10여 권을 공부하기도 했다. 그렇다고 수입이 아주 좋은 것도 아니다. 번역가를 지망한다면 이종인 씨의 인터뷰를 꼭 읽어보기 바란다. (이종인 씨는 영어 전문 번역가다)

이 인터뷰에서 나의 흥미를 끄는 재미있는 내용이 있었다. 이종인 씨는 일본어뿐 아니라 여섯 개 언어가 가능하다고 한다. 그런데 일본어와 영어를 동시에 잘하는 경우 문제가 생길 수 있다. 영어를 한국어로 번역하다가 조금 힘들면 일본어 번역본을 찾게 된다는 것이다.

그러니까 영어를 일본어로 번역한 책을 보고 일본어를 한국어로 번역하는 것이다. 그렇게 수렁에 빠지면 나중에 일본어 번역본만 보고 작업을 하게 된다고 한다. 물론 절대 이렇게 작업을 하면 안 될 것이다. 번역의 질이 떨어지고 원본의 맛이 퇴색한다. 우리가 몰라서 그렇지 이렇게 번역된 책들도 엄연히 시중에 존재한다.

번역 이야길 하자면, 작가의 시선에 접근시켜서 작품 속의 장면을 보고 상상하는 것이죠. 그 장면에 가장 유효한 말을 선별하는 것, 그 점이 창작하는 사람들과 가장 다른 점이에요. 작품 속의 정황을 가장 유효하게 드러내 줄 수 있는 말을 찾는 것, 즉 선택의 문제죠.

가령, '床につく'는 사전적 의미가 '잠자리에 들다'거든요.

그런데 심한 감기에 걸렸고, 평소에는 낮잠을 자거나 일하다 말고 딴 일을 하는 법이 없는 사람이란 전제가 있고 그런 사람이 대낮에 잠자리에 들었다면, 이 '잠자리에 들다'는 다양하게 변용될 수 있어요. 예를 들어 '몸져누웠다'든가 '아파누웠다'든가. 그냥 잠이 와서, 혹은 시간이 돼서 잠자리에 든 게 아니니까요.

이런 식으로 장면의 유기적인 조화, 일관성을 봐요. 작품 전체의 레벨을 맞추는 건데, 등장인물의 성격이나 작품의 전체적인 흐름을 따라가면서 유기적으로 상황을 이해하는 거예요. 주인공이 그 전에 뭘 했지? 그다음엔 무슨 장면이 나오지? 이렇게 총체적으로 보는 거죠. 그래서 번역을 하는 동안은 작품 속의 분위기를 유지하려고 해요. 실제 생활도 그렇게 되고요. 그 톤을 쭉 따라가야 하니까.

- 번역가 김난주 알라딘 인터뷰 (2002.10.26)

번역가 김난주 씨는 무라카미 하루키의 여러 작품을 번역한 것으로 유명한 대표 일본어 번역가다. 역시 일본어만 안다고 번역이 되는 것이 아니라는 것을 위의 인터뷰에서 알 수 있다. 번역은 확실히 기술과 많은 경험이 필요한 고난도 작업이다.

의외로 일본어나 특정 언어 한 가지만 잘해서 직업으로 연결하는 일이 쉽지 않다. 난 정말 일본어만 열심히 잘해서 성공하겠다는 굳은 결심을 했다면 차라리 문제없을 수도 있겠다. 만일 그렇지 않다면 다시 한번 잘 생각해보자. 일본어를 언어라는 관점에서 학문으로 깊이 파고들고 싶은 것인지, 아니면 어떤 일을 하는 수단으로 사용할 것인지 고민해야 한다.

어떤 관점을 가지는가에 따라 공부해 나가야 할 방향과 자세가 확연히 달라진다. 너무 일본어에만 매달리다가 훨씬 더 좋은 많은 기회를 놓치는 우를 범할 수도 있다. 모든 가능성을 열어두고 진정 내가 좋아하는 일을 찾아보자. 그리고 그 일을 하는 데 있어 일본어를 적극적으로 활용하자.

특히 중·고등학교 학생들이라면 더 잘 생각해야 한다. 인생의 진로를 결정하는 초기 단계이기 때문이다. 일본어를 주전공으로 할 것인지, 아니면 다른 좋아하는 분야의 전문가를 지향하고 일본어를 공부해서 시너지 효과를 얻을 것인가를 빨리 결정하자.

네이버 지식인에는 일본어를 전공하고 싶은데 전망이 어떻겠냐는 질문이 많다. 어린 학생들이 일본어에 관심이 있어서 이런 질문을 올린 것이다. 앞에서도 언급했듯이 두 가지 길 중에 하나를 선택해야 하며 이는 아무리 강조해도 지나치지 않은 중요한 문제다.

23살에 회사에 입사해서야 일본어에 본격적인 관심을 둔 내가 가장 부러워한 사람들은 다름 아닌 '일본어 전공자'들이었다. 일본에서 대학을 나온 사람은 일본어 전공자보다 더 부러운 사람들이었다.

'고등학교 시절에, 아니 문과·이과가 나뉠 때 내가 일본어에 흥미가 있다는 사실을 알았다면 얼마나 좋았을까?' '왜 나는 재미있고 잘하고 싶은 일본어와 이렇게 늦게 만났나?' 하는 생각이 들었다. '이제라도 일본어 학위를 취득해야 하는 건가?'라는 고민도 했다.

결국 1년간의 일본 어학연수와 3년간의 일본 직장 경험으로 어느 정도 일본어와 일본 문화 체험에 대한 갈증은 해소되었지만, 아직도 뭔가 아쉬움이 남는다. 적성을 빨리 찾는 것이 중요하다.

하지만 내가 일본어를 전공했다면 일본어만으로 먹고 살 수 있었을까 하고 진지하게 자신에게 물어보면 확신을 가지고 그렇다고 대답하기는 어렵다. 일본어만 잘해서 가능한 직업은 정말 손에 꼽을 정도기 때문이다. 실제로 일본어만 잘하기보다는 일본어에 다른 기술이나 능력이 더해져야 훨씬 더 강력한 힘을 발휘한다.

내가 3년 반 동안 일했던 회사는 일본 현지 고객 회사에 가서 IT 업무를 수행하는 일이 주된 업무였다. 그러다 보니 일본어가 가능하면 여러모로 유리했다. 하지만 일본어가 절대 조건은 아니었다.

왜냐하면, 일을 해보니 프로젝트 리더만 일본어가 가능해도 전체 팀원 커버가 가능했기 때문이다. 실제로 가장 필요한 능력은 '일본어'보다는 'IT 업무 능력'이었다. 일의 본질은 '고객이 필요한 시스템을 구축하는 것'이기 때문이다. 사정이 이렇다 보니 결국 일본어만 잘하는 사람은 절대 이 일을 할 수 없었다. 반면에 일본어를 못해도 IT 업무 능력만 있으면 프로젝트 수행에 아무 문제가 없었다.

일본어도 잘하고 IT 업무 능력이나 관리 능력까지 뛰어나다면 호랑이에게 날개를 단 격이었다. 기존의 업무 능력과 일본어가 결합한 경우 최대 시너지 효과가 났다.

프로그래머는 많다. 일 잘하고 경력이 화려한 프로그래머도 많다. 일본어 잘하는 사람도 많다고들 한다. 하지만 '일본어 잘하는 프로그래머'는 흔치 않아서 확실히 희소가치가 있다. 회사에 다녀보면 알 것이다. 능력도 중요하지만, 그 사람이 갖춘 능력이 희소가치가 있을 때 회사는 기꺼이 많은 연봉을 준다. 그렇게 될 수밖에 없다. 인력의 가치도 일반 경제 논리와 다를 것이 없다.

지금 진로를 고민하는 어린 학생들도 이런 관점에서 일본어에 접근하기를 권한다. 당장 일본어 공부가 너무 재미있고 좋아도 일본어만 공부하는 것이 최선인지 한 번쯤 깊게 고민해 보고 미래에 실현 가능한 다양한 나의 가능성을 상상해보자.

나는 무엇을 공부하고 배워서 직업으로 삼아야 할까? 정말 일본어만 잘하는 것으로 만족할 수 있을까? 정말 그

걸로 충분할까? 라는 고민을 해봐야 한다.

　나이가 들수록 '한 살이라도 더 젊었을 때 내가 좋아하는 일, 잘할 수 있는 일에 대한 고민을 충분히 해 봤어야 했는데'라는 후회를 하게 된다. 젊을 때 이런 고민을 할 수 있다는 것 자체가 행운이다.

### 일본어로 할 수 있는 일

일본어 통역사, 일본어 번역가, 일본어 관광통역안내사, 일본어 강사, 일본어 선생님, 일본어를 사용하는 모든 일

### 일본어를 잘하면 취직이 유리한 직장

무역회사, 비서 관련, 일본계 기업, 일본어 교육기관, 수출 관련 직종, 디자인 관련 직종, 번역회사, 게임회사, 일본과 비즈니스를 하는 모든 기업, 문화예술 관련 기업

## 좋아하는 일을 하면서 돈도 번다면
## 얼마나 좋을까

대학을 졸업할 때까지 하고 싶은 일이 없었다. 남들처럼 졸업해서 취직하고 별생각 없이 산 것 같다. 참 한심하기도 하지. 그래도 다행은 일본어를 만난 일이다. 일본어는 태어나서 처음으로 잘하고 싶은 대상이었다. 일본어 잘하는 사람들이 너무 부러웠고 나도 언젠가는 잘할 수 있다고 생각하며 열심히 공부했다. 그 결과 지금은 일본어로 의사소통과 비즈니스가 가능한 수준이다. 솔직히 아주 잘하지는 못한다. 일본어만 가능해진 것이 아니라 인생에서 좋은 기회가 많이 생겼다.

좋아하는 일을 하면서 돈도 번다면 가장 행복하지 않

을까? 하지만 살아보니 가장 이루기 어려운 바람 중 하나
였다. 오랫동안 나를 괴롭히던 고민도 내가 일본어를 좋아
하고 일본에 관심이 많은데 관련된 업무를 하고 있지 않다
는 현실이었다.

일본어 덕분에 들어간 두 번째 회사에서는 일본 관련
업무를 하지 못했다. 내가 입사하던 당시 추진되던 일본
프로젝트가 무산되었기 때문이다. 일본이 아닌 국내 일을
하면서 이 회사에 8년 동안 재직했다. 일하면서도 항상 일
본 관련 일을 하지 못하는 아쉬움이 있었다.

일본어와 일본에 관심이 많은데 이걸 어떻게 발전시켜
나갈지, 전망이 어떤지 궁금해하는 사람이 많다. 보통 알
고 싶은 내용이 있으면 네이버나 구글 같은 포털 사이트에
서 검색해 본다. '일본어로 가능한 직업', '일본어 전망', '일
본 유학 가고 싶어요' 등의 내용을 검색해봐도 만족할 만한
답은 찾기 어렵다. 좋은 정보도 많이 있지만, 인터넷의 정
보는 한계가 있다. 쓸 만한 정보는 책이나 다른 곳에 존재
한다. 의외로 관련된 책을 찾기도 어려웠다.

다행히 지금은 일본어와 일본 관련 콘텐츠를 다루는

출판사를 운영하고 있다. 일본어로 먹고살면 좋겠다고 항상 생각했는데 그 소원을 이루었다. 통·번역처럼 직접 일본어를 활용해서 돈을 벌지는 않지만, 일본어 수험서도 출간하고 일본과 관련된 에세이도 여러 권 냈으며 프리랜서 번역가에 관한 책도 출간했다. 무엇보다 지금 하는 일을 좋아한다.

일본어 공부를 좋아하고 시작하기로 했다면 내가 좋아하는 다른 일과 잘 결합해서 비즈니스나 직업으로 연결하면 좋을 것이다.

# 일본어를 잘한다는 것의
# 진정한 의미

일본어를 잘하면 좋을 것 같다고 막연히 가늠은 된다. 하지만 배우기 쉽다 해도 외국어다 보니 그리 만만해 보이지는 않는다. 그리고 일본어 잘한다는 소리를 들을 정도라면 어느 정도의 시간과 노력을 투자해야 할지 감도 잘 안 온다.

그렇다면 일본어를 잘한다는 것의 진정한 의미는 무엇일까? 비즈니스가 가능한 정도의 일본어는 어느 정도의 수준일까? 초보자라면 일본어 공부에 관해 이런저런 궁금한 점이 많을 것이다.

일상 대화가 가능한 수준은 생각보다 쉽게 도달할 수

있다. 일상 대화에는 그다지 많은 어휘가 필요하지 않다.

하지만 일상 대화가 가능하다 해도 문법이 자주 틀리거나 발음이 정확하지 않으면 현지인과의 대화가 매끄럽지 못하게 된다. 성인이 되어서 배우는 외국어는 문법을 무시하면 안 된다. 문법은 익힐 때는 고생스러워도 한 번 공부하고 나면 기초가 탄탄하게 잡혀서 그 이후의 일본어 공부를 훨씬 쉽게 만들어준다.

비즈니스가 가능한 일본어 수준은 일상 대화보다는 조금 더 높은 실력을 요구한다. 하지만 그 간극이 그리 크지 않다. 나 같은 경우는 처음 어학연수를 갔을 때부터 최종 목표가 비즈니스가 가능한 일본어였다.

비즈니스가 가능함은 간단히 말하면 일본어로 일의 진행이 가능하다는 의미다. 그래서 마지막 학기(일본어 학교의 한 학기는 3개월이다)는 실력이 조금 모자랐지만 무리해서 비즈니스 일본어 코스를 선택해서 수업을 들었다.

한국에서 가져간 비즈니스 일본어 교재와 테이프도 등·하교 시 등 틈날 때마다 들었다. 회화 실력만 바탕이 된다면 그 위에 조금만 더 노력하면 비즈니스 일본어가 가능하니 큰 부담을 느끼지 않아도 될 것이다.

여기서 더 고급 일본어를 구사하려면 많은 노력을 해야 한다. 일본어가 쉽다 해도 우리에게 없는 표현이 많아서 일본 사람들과 다양한 주제를 가지고 수준 높은 대화를 하기 위해서는 꾸준히 어휘 늘리기 공부를 해야 한다.

내가 부러워한 일본에서 대학을 나온 사람들은 확실히 풍부한 어휘를 사용하며 일본어를 구사하는 수준이 다르다. 왜냐하면, 4년 동안 일본 대학에서 공부했으니 일본어를 얼마나 많이 읽고 쓰고 사용했겠는가. 결국, 시간을 투자한 만큼의 결과가 실력으로 나오는 것이다.

외국어로 꿈꿔 본 적이 있는가? 흔히 외국어로 꿈꿀 정도면 그 언어를 마스터 한 것이라고 말한다. 다른 외국어도 마찬가지겠지만, 일본어 공부에서도 가장 중요한 것은 '구체적인 목표'와 '집중적인 시간 투자' 그리고 '언어 노출 (공부) 시간'이다. 구체적인 목표가 있어야만 언어 습득이라는 장기레이스에서 지치지 않는다.

아주 오랜 기간 즐기면서 공부한다면 말릴 생각은 없지만 역시 언어는 단기간에 승부를 보는 것이 좋다. 외국어는 절대 학습량이 필요하다. 정해진 학습 시간을 채우지 않으면 안 된다. 일반적으로 2,000시간 이상을 투자해야 본궤도에 오른다고 보는데, 학원을 몇 년씩 다녀도 일본어 실력이 제자리라면 양적으로 공부가 부족했기 때문이다.

목표를 어느 정도 수준으로 하느냐에 따라 공부량에는 차이가 있다. 일상회화나 비즈니스가 가능한 수준이라면 1~2년의 집중적인 공부로도 충분하다. 하지만 일본어에 대한 목표를 높게 잡아 현지인 못지않은 수준으로 말도 하고 책도 읽을 수 있는 실력을 지향한다면 평생 공부를 해도 모자랄지 모른다.

유명한 영·한 동시 통역가가 매일 2시간 이상 영어공부를 한다는 기사를 읽은 적이 있다. 어떤 분야든 매일 공부를 하며 실력을 갈고닦는다는 것은 대단한 일임이 틀림없다.

일본의 유명한 평론가이자 영문과 교수인 와타나베 쇼이치는 『지적 생활의 발견』에서 외국어 공부가 어렵지만 투자한 만큼 돌아오는 기쁨도 크다고 말한다.

외국어를 마스터하려면 반평생을 바쳐야 하며 또 그렇게 배운 것을 잊지 않으려면 나머지 반평생도 바쳐야 한다. 외국어 공부는 하루아침에 끝나는 일이 아니다. (…) 학창시절에 외국어 하나라도 마스터한 사람은 평생 지적 생활의 행복감을 맛볼 수 있다.

나도 이 책을 읽고 그동안 게을리했던 일본어 공부를 열심히 해야겠다는 결심을 했다. 몇 년 후 어려운 일본 원서를 사전도 없이 쓱쓱 읽어내는 자신을 상상하면서 말이다.

# 일본어로 성과를 내는 데 필요한
# 시간과 노력은 어느 정도일까?

물리적으로 어느 정도의 시간과 노력을 기울여야 일본어로 성과를 낼 수 있을까? 시간을 단축하기 위해 어떠한 노력을 해야 할까?

어학을 습득하기 위해서는 절대적으로 투자해야 하는 시간이 정해져 있다. 환경에 따라 언어에 따라 차이는 있겠지만, 앞 장에서도 언급했듯이 대략 2,000~3,000시간을 투자해야 한다.

2,500시간이 필요하다고 가정하면 하루에 6시간씩 공부해서 1년 3개월 정도면 외국어를 습득할 수 있다는 결론에 도달한다. 일본 어학연수 경험상으로도 이 수치는 꽤

근거가 있다. 한국에서 왕초보 딱지는 떼고 일본에 가서 1년 동안 어학연수를 했다. 어학을 습득하는데 필요한 환경도 좋은 편으로 일본인들과 1년 동안 같은 숙소에서 생활했다.

그런데도 1년은 조금 아쉽게 느껴지는 기간이었다. 나중에 일본으로 출장을 다니면서 어학연수 때 느낀 부족함을 조금씩 보완해 나갔다. 결국, 꾸준한 노력과 절대적 공부 시간의 투자만이 일본어 습득의 지름길이다. 학원에 한두 시간 다니면서 일본어 실력이 금방 늘 것이라고 절대 기대하지 마라.

학원에 가는 시간 외에도 하루에 최소한 2시간 이상을 투자해서 적어도 학원 2시간 + 복습·예습 2시간 = 4시간은 꾸준히 투자해야 몸으로 느끼는 실력 향상이 가능하다. 성과가 없으면 스스로 지쳐서 나가떨어지게 되어 있다. 주변에 어학 공부를 하다가 포기하는 무수한 사람은 이렇게 해서 양산된 것이다.

2000년도에 인터넷 방송 벤처기업인 캐스트서비스에서 '엽기 일본어'란 방송을 했다. 지금은 프로레슬러 선수

이자 방송인으로 유명한 김남훈 씨가 DJ였는데 일본어를 상당한 수준으로 구사했다. 처음 일본어를 공부할 때 학원을 동시에 여러 곳을 다녔다고 한다. 나중에 CBS라디오의 인터뷰 내용을 보니 이런 내용이 나온다.

2개월 정도 하루에 8시간씩 공부하니까 일본어를 읽게 되고 6개월쯤 되니까 일본어로 말하고 쓸 수 있게 되고, 한 1년쯤 되니까, 술 먹고 집에 들어가니까 어머니가 다음 날 그러시더라고요. '남훈아, 너 어제 술 먹고 들어와서 일본말로 주정하더라.' 그래서 그때 하산을 했지요. 그때 느꼈던 것이 제가 좋아하는 것에 대해서 비용을 아끼지 않고, 시간과 노력을 아끼지 않고 들이면 결과가 나온다는 것을 그때 처음 느꼈거든요.

원래 오토바이를 좋아해서 일본 오토바이 잡지를 읽기 위해서 일본어를 처음 공부했다고 한다. 하루에 8시간 공부했다니 일본에 어학연수 간 학생보다 더 많은 공부를 한 셈이다. 일본어 학교의 수업은 하루에 4교시가 전부다. 4

교시면 4시간이 채 되지 않는다. 물론 환경적으로 일본어가 많이 들리니 여기에 2시간 정도를 플러스한다 해도 길어야 6시간이다. 8시간이라면 엄청난 시간을 투자한 것이다. 일본에 공부하러 가지 않아도 이 정도의 노력이 가능하다면 누구나 1년 안에 상당 수준의 일본어 실력을 갖출 수 있다는 좋은 예다.

결국, 빠른 길은 없으며 시간과 노력을 들여야 한다. 거저 얻어지는 것은 없다. 일본어를 공부라고 생각하면 안 된다. 내 꿈을 이루어주는 고마운 매개체이며 즐거움의 원천이라고 생각하자.

그럼 어느 정도의 일본어 실력에 만족해야 할까? 굉장한 고급 일본어를 구사해야만 나에게 도움이 될까? 높은 수준의 고급 일본어를 일본 사람 같이 구사하는 능력. 나도 이런 능력을 갖추고 있지 못하다. 물론 노력은 하고 있지만, 절대 쉽지 않다.

많은 사람이 자기계발 1위로 꼽는 외국어. 하지만 뜻밖에 성공률이 낮은 이유 중의 하나는 바로 적절한 수위 조절 실패에 있다. 처음부터 너무 거창한 계획이나 수준을 설정하면 안 된다. 단계별로 차근차근 올라간다는 생각을 해야 한다. 일본어도 마찬가지로 처음에는 간단한 회화부터 시작하고 한 단계씩 기대치와 수준을 높여 나가야 한다. 통역사나 번역가가 되는 것이 목표가 아니라면 말이다.

처음부터 너무 높은 수준을 설정하고 공부하다가는 스스로 지치게 된다. 어느 정도 수준이 될 때까지는 시간을 많이 투자하고 목표한 수준에 도달하면 적당한 페이스로 꾸준히 공부해서 일본어 내공을 기르자.

# 한국에서 일본어 학원 다닐 때의
## 전략

일본에 어학연수를 가면 일본어 학교에서 반 배정을 위한
레벨테스트를 받아야 한다. 창피하게도 초급 2에 배정되
었다. 초급 2면 못하는 순서로 뒤에서 두 번째 수준이다.

나름대로 공부를 많이 하고 일본에 갔다 생각했는데,
내 일본어 실력이 기대에 못 미치는 수준이라 놀라기도 하
고 마음이 많이 상했다. 일본어 학원을 처음 다니기 시작
한 것이 1999년 말이었고 일본에 간 것이 2000년 9월이니
적어도 9개월은 한국에서 일본어 학원에 다녔지만 노력이
많이 부족했다.

레벨테스트는 일본인 선생님과 대화를 하면서 체크하

는데 스스로도 문법 실력이 부족함을 느낄 수 있었다.

결과적으로 초급 2에 간 것이 수준에 맞았고 도리어 상당한 도움이 되었다. 왜냐하면, 같은 반 친구들보다 조금 더 잘하는 수준이었기에 자신감도 생기고 문법도 확실하게 다질 수 있었다. 문법은 일본어 공부의 훌륭한 밑거름이다.

학원에서 일본어를 배울 때도 일반적으로 문법에서 많이 좌절하고 그만둔다. 나도 한국 어학원에서 문법 공부할 때 재미도 없고 힘들었다. 결국, 마스터하지 못하고 어학연수를 갔다.

사실 초급 2를 창피해할 필요가 없었다. 일어일문학과를 졸업하고 온 사람 중에도 초급 1(제일 수준 낮은 클래스)에 배정받은 사람이 있었다. 어이가 없지만 실제로 있었던 일이다. 알고 보니 학교 다닐 때 공부 안 하고 놀았단다.

그런데 역시 대학 4년 동안 들은풍월이 있다 보니 나중에 반에서 제일 공부 잘하는 학생이 되었고 장학금도 탔다. 자신의 수준보다 낮은 클래스에 들어감으로써 자신감이 생겼을 것이고 잘하니 선생님의 주목을 받았을 것이다.

선생님도 공부 잘하는 학생이 예쁘다. 공부 잘하는 학생들은 상대적으로 질문도 많이 하고 선생님의 질문도 많이 받아서 수업 시간에 말할 기회가 많다.

선생님의 주목을 받는 것은 생각보다 중요했다. 일본어 학교를 1년, 4학기 동안 다녔는데 마지막 학기에는 비즈니스 일본어를 수강했다. 그런데 이 수업이 수준이 높아서 따라가기가 벅찼다. 나는 9개월에 걸쳐 중급 2 과정까지 마치고 한 학기가 남았을 때 조금 무리였지만 비즈니스 일본어를 선택해 들었다.

비즈니스 일본어 반에는 상급과정을 수강하고 들어온 사람들이 대부분이었고 한국에서 일본어 교사를 하다 온 사람도 있었으며 일어일문과를 졸업 한 사람도 있었다. 모두 나보다 잘하는 사람들이었다. 심지어 프랑스인이 한 명 있어서 만만하게 생각했는데 나보다 한자를 더 많이 알았다. 이러다 보니 비가와도 학교 가기 싫고 날씨가 맑으면 놀러 가고 싶고 일본어 공부 슬럼프가 왔다.

하지만 어떻게 간 일본 어학연수인데, 하나라도 더 배워야 했다. 실력은 부족하지만, 적극적으로 수업에 임하기로 했다. 이런 노력이 쌓이자 선생님이 질문도 많이 해 주고 무엇보다 점점 수업 시간이 즐거워졌다. 이런 우여곡절 끝에 무사히 4학기의 일본어 학교 과정을 마칠 수 있었다.

한국에서 일본어 학원에 다닐 때도 비슷한 전략이 통한다. 나 같은 경우 이 점에서 실패였다. 항상 나보다 잘하는 사람들과 같이 공부했는데 주눅 들고 자신감이 생기지 않아서 학원에 가기 싫었다.

어차피 경쟁이 아니라 공부가 목적이니 학원에서 지정해 주는 클래스보다 낮은 곳에 들어가서 기본기를 다지고 자신감을 가지는 편이 훨씬 더 좋은 일본어 학원 수강과 학습 전략이다. 적어도 언어를 공부할 때는 용 꼬리보다는 닭 머리가 훨씬 더 낫다는 사실을 절감한 좋은 경험이었다.

학원 선택을 잘하는 것도 좋은 방법이 될 수 있다. 2011년 말에 두 달 동안 중국어 학원에 다녔다. 중국어만 전문으로 가르치는 학원에 두 달 다녔는데 수업이 매우 만족스러웠다. 일주일에 세 번 하루에 두 시간 수업이고 첫 시간은 한국인 선생님이 설명 위주로 수업을 하고 두 번째 시간은 중국인 선생님이 말하기 위주로 훈련을 시켜주는 시스템이었다.

이 학원이 마음에 든 이유는 두 번째 시간인 중국인 선생님의 수업방식 때문이다. 선생님은 절대 시간을 낭비하지 않고 강의실에 들어온 그 순간부터 학생들에게 돌아가면서 말을 시켰다. 수강생이 적게 들어 온 날은 숨 돌릴 틈도 없이 선생님의 질문에 답해야 했다.

너무 힘들고 부담스러웠지만 한 달 후쯤 되니 이런 식으로 공부하면 중국어를 금방 마스터할 것만 같았다. 그리고 이 방식은 내가 일본어를 배운 신주쿠 일본어 학교의 수업 방식과 매우 유사했다. 수업 시간에 끊임없이 정신을 집중하고 말을 하려고 노력해야만 했다. 힘들어도 정말 효과 만점이다.

그렇게 중국어를 한 달 배우고 두 번째 달에는 시간을 변경해서 다른 중국인 선생님에게 배웠는데 이 선생님은 한국인 선생님이 수업하는 방식과 같게 설명 위주로 수업을 진행하고 말 연습을 할 기회를 주지 않았다. 자연히 긴장감이 떨어지고 수업도 재미가 없었다. 그렇게 나의 중국어 학원 경험은 또다시 두 달로 끝나버렸다. 내게는 확실한 목표도 없었다. 그냥 시간이 생겨서 중국어 공부 좀 해볼까 하고 시작했었다. 이러면 절대 안 된다. 공부를 지속하지 못하니까.

아쉽게도 한국에서 일본어 학원 다닐 때 위에서 말한 중국어 학원 선생님처럼 잘 가르치는 곳을 경험해보지 못했다. 문법도 알아야 하지만 더불어서 말을 자꾸 해보고 문장을 외워야 한다. 일본 어학연수를 권하고 좋은 일본어 학교에 가라고 하는 이유도 학교에서 가르쳐주는 것만 열심히 따라 해도 말문이 트이기 때문이다.

하지만 일본 어학연수가 어디 그리 쉬운 일인가. 돈과 시간, 기회비용이 엄청나다. 한국에서 일본어를 공부하기 위해서는 일본어 학원을 잘 선택하고 본인이 많은 노력을 해야 한다. 그러면 어학연수 못지않은 결과를 얻을 수 있을 것이다.

# 어학연수,
# 선택인가 필수인가?

주변에서 회사 다니다가 어학연수나 워킹 홀리데이를 갈까 하고 고민하는 친구들이 있다. 새로운 도약이며 재충전 기회라고 생각한다. 여건만 허락한다면 꼭 가라고 말한다. 나도 20대 후반이었던 당시, 망설이다가 일본 어학연수를 안 갔다면 지금쯤 많은 후회를 하고 있었을 것이다. 일본 어학연수는 분명 내 인생의 터닝포인트였다.

내게는 결과적으로 더할 나위 없이 좋은 경험이었지만 사실 누구에게나 다 그렇게 된다는 보장은 없다. 일본과는 역사적 문제가 해결되지 않아 갑자기 냉전 상태가 되기도 하고 마음이 편한 관계는 아니다. 그래도 일본에 가고 싶다면, 가서 일본을 잘 알게 되고 그들의 문화를 공부하고 싶다면 망설이지 말고 꼭 일본으로 가기를 권한다.

성공 어학연수를 위해서는 철저한 사전 준비와 뚜렷한 목표 의식이 있어야 한다. 확고한 목표도 없이 가서 1년 놀다 올 계획이라면 절대 가지 말고 차라리 여행이나 다녀오자. 나는 4년 동안 한국에서 회사생활을 하면서 '재미없어. 이건 아니야!'를 외치다가 힘들게 결심, 가지고 있던 돈을 탈탈 털어서 1년 동안 일본 어학연수를 다녀왔다.

회사 다니면서 열심히(?) 모은 돈을 들고 가니 딴생각을 할 수가 없었다. 확실히 부모님이 주신 돈으로 유학 온 학생들은 경제적으로 여유가 있어서 놀러도 다니고 나처럼 절박해 보이지 않았다. 당연히 공부도 그리 열심히 하지 않았다. 놀러 다니니 공부할 시간도 별로 없었을 거다.

1년 정도 어학연수를 간다고 해도 내가 어떻게 마음을 먹고 그 시간을 효율적으로 잘 사용 하는지에 따라 결과는 많이 달라진다.

어학연수나 유학 같은 경험은 새로운 세계에서 다양한 사람을 만나고 우리와는 다른 문화를 접하는 즐거움을 마음껏 누릴 기회다. 한국과는 다른 환경에서 미처 발견하지 못했던 자신의 새로운 모습을 찾을 수도 있다.


어학연수의 좋은 점


어학연수는 그 자체로 상당한 이점이 있다. 한정된 기간에 집중적으로 시간과 노력을 투자함으로써 큰 효과를 거둘 수 있다. 언어는 단기간에 집중적으로 공부하는 것이 가장 효과적이다. 어학연수는 언어뿐만 아니라 그 나라의 문화와 분위기 등을 총체적으로 경험할 수 있다는 점에서 좋다. 현지인 친구도 사귈 수도 있고 이들과 지속적인 연락을 하고 지낸다면 평생 든든한 나만의 글로벌 지원군이 될 것이다.

　『어학연수 꼭 성공하기』의 저자인 김태형 씨는 책에서 "어학연수는 개인의 행복지수를 높이기 위한 것일 뿐만 아니라 글로벌 경제 시대에 공동체의 가치 향상을 위한 적극적인 도구다. 짧은 기간에 인생을 혁신적으로 변화시킬 수 있는 중요한 기간"이라고 그 진정한 가치를 이야기한다.


## 어학연수의 목표


어학연수를 가기 전에 현재 자신의 실력을 기준으로 목표하는 일본어 수준을 초반부터 정확하게 설정해야 한다. 목표 수준 자체가 확실하지 않으면 수많은 유혹에 흔들려 황금 같은 시간과 돈을 날리고 일본어 실력은 쌓지 못하는 불상사가 생길 수 있다.

어학연수를 통해 중급 이상의 일본어를 하게 되면 귀국해서 혼자 일본어 공부를 할 수 있는 기반이 완성된다. 1년 정도 어학연수를 다녀온 사람은 제대로 공부하고 왔다면 더는 학원에 다닐 필요가 없다. 학원에서 가르치는 수준에서 맞는 레벨이 없기 때문이다. 이 점 때문에 도리어 일본어 실력이 정체를 겪기도 하지만 계획을 잘 세워 꾸준히 공부한다면 언젠가 기대하는 일본어 수준에 도달해 있는 자신을 발견할 수 있다.

## 성공 어학연수 포인트

어학연수에는 적극적인 자세가 중요하다. 누가 내게 말 걸어주기를 기다리기보다 스스로 적극적으로 나서서 어디서나 말을 많이 해보는 연습을 해야 한다. 얼마나 좋은 기회인가? 곳곳에 일본어 쓸 기회가 넘친다. 패스트푸드점 주문도 손가락으로 메뉴를 가리키지 말고 서툴러도 적극적으로 점원과 대화를 해보자. 한국에서는 돈 주고 해야 하는 '현지인과의 1:1 대화'도 일본에서는 본인이 원하면 24시간 가능하다. 적극성만 있으면 어학연수 성공 확률은 100%다.

일본어 학교에서 같은 반 홍콩 여자 친구들과 놀러 간 적이 있는데 한 명이 일본어 습득 속도가 빨랐다. 한국어도 많이 알고 있었다. 한마디로 언어 습득 센스가 있었는데, 역시 같이 다녀보니 길을 모르면 아무나 붙잡고 적극적으로 일본어를 사용해 물어봤다. 나중에 반이 달라져서 안부를 잘 모르고 지냈지만 분명 성공적으로 일본 유학 생활을 마쳤을 것이다.

# 좋은 일본어 어학연수 학교
## 고르는 방법


2000년에 어학연수를 준비하면서 임혜진의『돈도 벌고 여
행도 하고 일어공부도 한다』를 읽고 많은 도움을 받았다.
1999년 4월부터 한국과 일본의 워킹홀리데이 비자 제도가
시행되었다. 이 책은 워킹홀리데이와 어학연수 등 일본에
서 생활하고자 하는 모든 독자를 대상으로 일본에 관한 많
은 정보를 제공해 주고 있다. 나는 처음부터 워킹홀리데이
보다 어학연수가 하고 싶었다.

　일본어 실력이 안 되는 만큼 돈도 벌고 일본어도 배우
는 것보다는 일본어라도 제대로 배우자를 목표로 삼았다.
일본은 확실히 아르바이트 천국이라 일본에 가서 6개월 정

도 지나면 다들 아르바이트를 하려는 경향이 있다. 비교적 높은 아르바이트 급여 때문에 상당히 유혹적이다.

개개인의 사정이 있겠지만, 아르바이트를 할 것인지의 문제는 신중히 생각해봐야 한다. 아르바이트를 많이 하면 공부에 소홀할 수밖에 없다. 공부할 시간도 줄어들지만 피곤해서 수업 시간에 집중도가 떨어진다. 지나친 아르바이트는 본질을 흐리고 유학 생활 전반에 악영향을 끼쳐 어학연수 자체의 질을 현격히 떨어뜨릴 수 있다. 일본에 가는 목표를 확실하게 정하고 절대 그 목표나 본질을 흐리는 행동을 해서는 안 된다.

일본어 학교 선택은 어학연수의 성패를 가름할 만큼 중요하다. 위에 언급한 책에서 몇 개의 일본어 학교를 추천하고 있었다. 정보가 전혀 없었던 나는 책의 맨 앞에 나온 '신주쿠 일본어 학교'를 선택했다. 전통이 있어서 믿음이 갔다.

일본어 학교를 결정한 다음부터 일본 어학연수 준비는 일사천리로 진행되었다. 수업료가 다른 학교보다 비쌌지만 다른 소개 업체를 거치지 않고 서울과 부산에 있는 일본어 학교 직영 사무실에서 입학서류 접수를 해서 수수료 등 추가 비용이 없었다. 비자가 유학비자라는 사실도 굉장히 매력적이었다.

당시에 유학비자와 취학 비자가 있었는데 두 비자는 상당히 차이가 있었다. 유학비자는 각종 학생 할인이 되지만 취학 비자는 그렇지 못해서 물가가 비싼 일본에서 유학비자가 훨씬 유리하며 기간도 유학 비자는 2년, 취학 비자는 1년짜리였다. 사실 유학 비자를 받을 수 있는 일본어 학교는 그 당시 거의 없었다. 그만큼 이 학교가 일본에서 인정을 받고 있다는 방증이었다. 지금은 취학 비자도 유학 비자와 통합되었다. 일본에 어학연수를 가기에 더 좋은 여건이 된 것이다.

신주쿠 일본어 학교는 학생 관리도 철저했고 무엇보다 수업의 질이 높았다. 출석을 잘하고 수업만 잘 따라 하면 3개월 정도에 문법 실력을 완성할 수 있다. 이때부터 일본어 실력 수직 상승이 가능하다. 친구들을 통해 다른 일본어 학교 이야기를 전해 들었는데 싼 학비를 보고 선택했다가 수업 내용도 만족스럽지 못하고 한국인 비중이 너무 높아서 실망스러웠다고 한다. 같은 유학생으로서 무척 안타까웠다.

일본에는 전국에 걸쳐 일본어 학교가 450개 정도 있다. 도쿄에만 152개교가 있다. 일단 어느 지역으로 갈 것인지 정하고 다음과 같은 사항들을 꼭 고려하자.

1. 학비가 너무 싼 곳은 일단 의심하자. 너무 비싸도 문제지만 싼 곳은 수업의 질이 낮을 가능성이 크다.

2. 재학생의 평균적인 국적 비율을 꼭 점검해서 한국인 학생의 비중이 높지 않은지, 특정 국적의 학생이 너무 몰려있지 않은지 확인하자.

3. 학교의 커리큘럼을 잘 확인하고 비즈니스 일본어 코스, 일본어 교사 양성 과정 등도 따로 있는지 확인하자.

4. 진학을 생각하고 있다면 학교 진학 상담과 진학반이 잘 구성되어 있는지도 고려대상이다.

5. 학교에서 좋은 기숙사를 소개해 주는지 확인해보자. 학교가 주선해 주면 싸게 이용할 수 있는 기숙사들이 있다.

6. 학교에서 재학 중 학생에게 책임감을 가지고 관리를 해 주는

지도 확인하자.

7. 물리적인 시설이나 환경이 좋은지도 꼭 확인해서 쾌적한 환경에서 공부하고 오도록 하자.


거주를 어디서 할 것인가도 성공적인 어학연수를 위해 상당히 중요한 선택사항이다. 나는 일본어 학교에서 일본 여대생 전문 기숙사를 소개해 줘서 비싼 비용에도 과감하게 선택을 했는데 결과적으로 최고의 만족을 얻었다.

그 기숙사는 일본인은 기숙사비가 7만 엔이었고 외국인은 할인을 받아서 5만 엔이었다. 공용목욕탕도 있고 작지만 각종 운동기구가 있는 체력단련실도 있었으며 주변 환경도 조용한 주택가라 마음에 들었다.

유학을 가도 일본인과 접하는 기회가 생각보다 많지 않은데 일본인들과 같이 먹고 자고 생활하는 경험을 할 수 있어 일본어 향상과 일본 문화 이해에 많은 도움이 되었다. 무엇보다 가장 좋았던 것은 일본인 친구들을 사귀게 된 일이다.

어쨌든 비용이 조금 부담될 수 있지만 좋은 일본어 학

교와 거주지의 선택이 어학연수의 성공과 실패에 큰 영향
을 끼칠 수 있다는 사실을 반드시 명심해야 한다.

Part 3

일본어로 인생 역전

# 일본 가느니
# 미국 가겠다고?

제 동생도 일본어를 꽤 오래 공부했어요. 그런데 실제로 사회생활에 활용을 잘 못 하고 있어요. 그래서 너무 안타깝습니다.

일본어 공부에 대해 블로그에 올린 글에 어떤 분이 이런 댓글을 달아 주셨다. 어학 공부가 쉬운 것도 아니고 꽤 오래 공부했다면 실력도 어느 정도 될 것이다. 그런데 왜 잘 활용을 못 하고 있을까? 시간과 돈을 들였다면 무언가 성과가 있어야 할 것 아닌가. 그런데 의외로 이런 고민을 하는 분들이 많다. 이유는 다양하겠으나 제일 큰 이유로 처음 시작할 때 목표가 구체적이지 않았다는 점을 들고 싶다. 언어라고 해도, 막연히 공부해 두면 좋겠지 하며 시작하는 것은 문제가 있다. 내가 정말 하고 싶고 좋아하는 일이 있어서 그 일을 하는데 일본어가 직·간접으로 도움이 된다거나, 일본어 자체에 흥미가 있어서 시작하는 것이 가장 이상적이다.

일본에 어학연수 간다거나 학교에 진학한다고 말하면 '왜 일본이야? 이왕 가는 거 미국이나 호주 가서 영어 공부나 하지!'라는 말들을 한다. 어학연수를 가거나 공부를 하기로 한 사람은 긴 시간 심사숙고해서 결정했는데 주변에서 도와주지는 못할망정 초를 치는 것이다. 도대체 어떻게 일본에 가는 것과 미국에 가는 것이 같냐고 물어보고 싶다.

나는 1974년생인데 우리 세대는 중학교 때부터 영어를 배웠다. 나는 언어 감각이 영 없지는 않아서 영어 성적이 그럭저럭 괜찮았다. 대학 졸업반 때 처음으로 TOEIC이 등장했고 회사 입사 시에도 TOEIC 시험 점수 득을 본 것 같다. 대학 4학년 때 미국에 유학을 갈까 잠시 고민하기도 했지만, 대학 4년 등록금 대느라 고생하신 부모님께 더는 폐를 끼칠 수 없었다. 결정적으로 하고 싶은 공부가 없었다. 무언가 내가 하고 싶은 공부가 있었다면 국내든 외국이든 진학을 했을 텐데 지금 생각해도 '아무 생각 없이' 살았던 것 같다.

그러다가 대기업의 IT 부서에 입사해서 정신없이 새로운 업무를 배웠다. 하지만 영어는 입사할 때와 진급할 때만 필요했고 업무에 사용할 일은 전혀 없었다. 반면에 일본어는 실제로 업무에 쓰는 부서가 있었고 주변에 잘하는 사람들이 있다 보니 잘하면 좋겠다는 생각이 머릿속을 떠나지 않았다.

몇 년 전 모 대기업에서 프로젝트를 하다가 첫 직장 동료를 우연히 만났다. 대기업 계열 정보통신(IT) 회사에 다니는데 그 회사에서도 영어를 무척 중요시한다고 했다. 이번에 승진대상인데 TOEIC 공부를 해야 한다고 너스레다.

"영어 공부해서 업무에 많이 쓰세요?" 하고 물었더니 "아뇨, 전혀 안 쓰죠. 시스템 개발하는 데 영어 쓸 일이 뭐가 있겠어요." 한다. 도대체 누구를 위한 영어공부란 말인가? 대학입시, 취직시험도 모자라서 승진할 때도 TOEIC 점수 타령이니 대한민국은 정말 영어의 바다에 빠지다 못해 해저제국이라도 건설할 기세다.

영어도 잘하면 물론 좋다. 하지만 소설가 조정래 선생님의 말씀처럼 필요한 사람만 하면 된다. 왜 모든 판단의 잣대가 영어와 TOEIC인지 사회생활을 오래 해도 도무지 이해가 안 된다. 필요에 의한 공부가 되어야 하고 목적이 있는 학습이 되어야 제대로 활용하고 어떤 식으로든 나라 경제에 도움도 된다. 획일적인 기준을 세워서 공부하고 점수를 받으라고 하는 것은 너무나도 큰 국가적 낭비다.

일본어 공부하겠다는데 영어 들고나오는 행동은 주변 사람들에게 하지 말자. 그 사람은 일본어가 필요해서 본인에게 도움이 되니까 공부하려는 것이다. 이상한 논리로 모든 상황을 판단하는 오류를 범하지 말자.

한 번은 내가 일본에 대해 관심이 많아 책을 쓰고 싶다 했더니 지인이 대뜸 한다는 소리가 "미국 가보셨어요? 유럽은요? 못 가보셨죠? 일본만 보서서 그런 소리 하시는 거예요. 일본은 그냥 취미로 아시면 되지 무슨 연구를 해서 책을 써요?" 하는 것이다. 아무 대꾸도 안 하긴 했지만, 두고두고 기분이 나빴다. 어떻게 일본을 연구하는 것이 미국이나 유럽을 연구하는 것과 같을 수 있는가? 그리고 가장 중요한 점은 내가 흥미를 느끼는 곳은 '미국'이나 '유럽'이 아니라 '일본'이라는 사실이다.

물론 일본이 서양의 영향을 많이 받았다는 것은 잘 알고 있다. 개화 과정에서 일본은 특유의 빠른 학습 태도로 서양 문물을 받아들이고 자기 것으로 소화해왔다. 하지만 일본의 근대화는 1800년대 이후이고 그전부터 일본은 존재해 왔다. 일본은 현재 보이는 현대화되고 서구 지향적인 피상적인 모습만으로 존재하는 것이 아니라 역사 속에서 한국과의 관계 등 다양한 관점으로 분석할 수 있는 대상이다. 또한, 서양을 다양한 자기들만의 방식으로 받아들이는 오늘날 일본의 모습에서도 재미있는 일본 문화의 단면을 찾아볼 수 있다.

서양인의 시각에 맞춰 자신을 생산해내고, 더 나아가 서양 자체를 자기 마음대로 생산해내는 일본의 자발적 오리엔탈리즘과 옥시덴탈리즘이 바로 근대 일본의 동력이다. 일본은 단순히 서구를 흉내 내는 것이 절대 아니다. 서양은 일본을 만들어냈고, 일본은 다시 자신이 원하는 서양을 만들어낸다. 이 오리엔탈리즘과 옥시덴탈리즘의 대위법적 구조가 오늘날 일본 문화의 내용이다.

- 김정운, 『일본 열광』

실제의 동양과는 아무런 상관없는, 서양인들이 제멋대로 만들어 내는 동양을 에드워드 사이트는 '오리엔탈리즘(Orientalism)'이라 정의했고 반대로 동양인들이 제멋대로 만들어내는 서양이 바로 '옥시덴탈리즘(Occidentalism)'이다. 김정운 교수는 서양인의 시각에 맞춰 자신을 생산해내고, 더 나아가 서양 자체를 자기 마음대로 생산해 내는 일본의 자발적 오리엔탈리즘과 옥시덴탈리즘이 바로 근대 일본의 동력이라고 말한다.

쉽게 이야기해서 도쿄에 있는 프랑스 레스토랑의 요리가 프랑스보다 더 맛있다든지, 이탈리안 레스토랑의 음식이 이탈리아보다 더 이탈리아답거나 하는 일이 일어나고 있다. 일본이 그들만의 방식으로 만들어낸 서양은 우리에게 또 다른 의미의 문화로서 인식되고 있다. 이것은 문화적 현상의 하나이지 미국이냐 일본이냐, 서양이냐 일본이냐의 단순한 문제는 아니다. 우리가 일본 문화에 가지는 관심이 '순수한 일본문화'인지 아니면 일본이 재생산해낸 '변형된 일본문화'인지에 대해서는 한 번 고민해볼 만하다.

단지 외국어를 배우는데 이왕이면 일본어보다는 영어라는 단순한 생각은 버리자. 내가 관심 있으면 가보는 거다. 일본어 정복을 위해, 그리고 일본을 더 잘 알기 위해서 말이다.

# 일본어 전공자들은
# 다 인생역전인가?


일본어만 잘해서 할 수 있는 일은 한정적이고 일본어 플러스알파를 노려야 한다. 통섭의 시대에 맞는 마인드를 가지고 꾸준히 자신의 능력을 계발해 나가야 한다. 하나보다 둘이 낫고 둘보다 셋이 낫다.

사실 전공대로 직장을 구하는 경우보다 그렇지 않은 경우가 대부분이다. IT 업무를 하는 기업에 다녔는데 직원들의 전공은 대부분 컴퓨터 관련 학과가 아니었다. 입사 동기들의 전공을 보면 영문학, 일어일문학도 있었고 심지어는 간호학과 출신도 있었다. 직장을 다녀 본 경험이 있는 분들은 알 것이다. 전문분야가 아니면 일반적으로 전공이 대세에 영향을 미치지 못한다는 사실을 말이다. 이런 때 일본어를 잘한다면 선택의 폭은 당연히 확장된다. 영어도 잘하고 일본어도 잘한다면? 더 말해 무엇 하겠는가.

그럼, 일본어 잘하는 일본어 전공자들은 다 인생 역전이 가능한가? 앞에서도 언급했듯이 일본어만 잘해서는 선택의 폭이 좁을 수밖에 없다.

예전에는 일본어과, 일어일문학과 등 '언어'와 '문학'을 배운다는 인식을 주는 학과명이 많았다. 요즘 추세는 '일본학과', '일어일본학과'와 같이 일본어와 일본 문학에 치중하지 않고 일본의 경제·사회·문화·역사 등 다양한 분야를 가르치려는 학과의 특성을 강조하는 경우가 늘어났다.

일본어 관련 학과를 나와서 일본어나 일본 문학만 공부해서는 요즘 시대에 맞지 않고 취직도 어렵다는 인식이 최근 들어 생겨났다. 대학의 변화도 시대의 요구에 따른 것이다.

이 책에서 내가 계속 반복하는 이야기도 '일본어'만 가지고 이야기하지 말자는 것이다. 일본어를 어떻게 하면 더 잘 사용하고 나의 장점을 극대화할 수 있는 '무기'로 사용할 것인가에 개개인이 초점을 맞춰야 한다.

# 일본어 잘해서 손해 볼 거 하나도 없다

문제는 항상 효율이다. 내가 어떤 일에 몇 년을 투자했다면 그만큼 이익으로 돌아와야 한다. 그런 면에서 일본어는 투자자본수익률 즉, ROI(Return On Investment)가 확실하다.

일본은 우리나라 몇 배 규모의 출판 대국이다. 출간되는 권수도 많지만 양산되는 정보의 양도 상당하다. 또한, 일본과 한국의 트렌드는 밀접하게 서로 영향을 주고받고 있다. 일본어를 안다면 더 다양하고 많은 양질의 정보를 얻을 수 있다. 하다못해 회사에서 일본과 관련된 일이 생기거나 출장 갈 일이 생기면 당연히 일본어를 한마디라도 할 수 있는 사람이 그 자리를 차지할 것이다.

입사하고 싶은 회사가 있는데 '일본어 가능자 우대'라고 채용공고에 명시되어 있다면 이는 '영어 가능자 우대'보다 훨씬 더 가치가 있다. 영어 가능자 우대는 어떠한 채용공고에도 의례적으로 다 나와 있어서 실제로 영어를 많이 쓰는 직장이 아닐 수도 있다. 하지만 일본어 가능자 우대라고 나와 있다면 실제로 일본어를 쓸 기회가 많은 경우가 대부분이다.

일본어를 잘하면 좋은 점 중 하나는 일본 자유여행이 가능하다는 점이다. 일본어를 못해도 자유여행은 가능하지만, 더 재미있는 여행이 되려면 언어가 통하는 것이 당연히 더 좋다. 가끔 일본여행 에세이에서 필자가 일본어를 못해서 답답했다고 하는 내용을 읽으면 나도 같이 답답하다. 일본어가 가능했다면 훨씬 더 좋은 내용의 에세이가 나왔을 것이다. 현지인과의 좀 더 깊은 대화가 좋은 소재가 되었을 수도 있다.

김정운 교수의『남자의 물건』은 각계 유명 인사의 소중한 물건, 즉 '잘나가는 남자의 귀한 물건'을 소개한다.

신영복의 벼루, 문재인의 바둑판, 안성기의 스케치북, 김정운 교수의 만년필 등이다. 그중에서 내가 가장 관심이 갔던 것은 이어령 씨의 책상이었다. 더 정확하게 말하면 책상 위에 놓인 컴퓨터였다.

> 왼쪽의 컴퓨터는 일본어용이다. 일본의 인터넷 사이트를 검색하거나, 일본어로 된 글을 쓸 때 사용한다. 아무리 외국어 자판 사용이 시스템적으로 좋아졌다 해도, 여전히 글자가 깨져 나오는 경우가 많기 때문이다.
>
> - 김정운, 『남자의 물건』

이어령 씨가 누군가. 이 시대의 지성을 대표하는 석학이다. 평론가, 지식인, 교수, 문화부 장관까지 역임한 위대한 창조자다. 일본에 대한 명저 『축소지향의 일본인』이 처음에 일본어로 쓰인 뒤 한국어로 번역되었고 이 책을 쓰기 위해 1년 동안 일본에서 고군분투했다는 사실을 알고 감동하지 않을 수 없었다. 그리고 더 중요한 것은 일본에 대한 정보를 보기 위해 PC 한 대를 일본어 전용으로 사용하고 있다는 점이다. 한국어 OS에서도 일본어 입력은 가능하지만, 일본어로 다양한 작업을 하기 위해서는 일본어 OS(Windows 등)가 깔린 편이 훨씬 편하다.

유명한 작가나 기발한 아이디어의 소유자들이 어떻게 훌륭한 정보를 얻을까 항상 궁금했는데 이 책을 보고 역시 이어령 씨도 일본에 대한 정보를 중요시하고 있다고 확신하게 되었다. 일본어로 된 정보를 쉽게 내 것으로 만들기 위해서는 일본어를 아는 방법이 최고이고 최선이다.

가끔 번역기 돌리면 된다는 사람들이 있는데 직접 번역기를 사용해봤는지 의문이다. 번역기도 완벽하지 않아서 어차피 다시 원문과 비교해야 한다. 일본어를 모르고는 이런 작업을 할 수가 없다.

일본어 잘해서 손해 볼 거 하나도 없다. 1년만 투자해보자. 꽤 해볼 만하다. 결심했다면 지금 당장 일본어 공부를 시작해보자!

# 목표를 확실하게 정해야
# 효과적인 일본어 공부가 가능하다

지금부터 6개월 시간을 주겠어요. 당신은 일본어를 공부해서 오세요. 그동안 나는 당신이 어떻게 해야 일본에 진출할 수 있을지를 연구해보겠어요.

2005년 일본에 진출해서 일본어 공부 서적까지 출판한 개그맨 조혜련. 그녀는 가족과 떠난 일본 여행에서 신오쿠보에 갔다가 한류 열풍에 감동해서 일본 진출을 결심했다고 한다. 하지만 일본어를 전혀 못하는 그녀에게 일본 매니저가 내건 조건은 6개월 안에 일본 방송에 나갈 정도의 일본어 회화가 가능해야 한다는 것이었다. 모두의 예상을 깨고 각고의 노력 끝에 전혀 가능하지 않을 듯한 일을 해낸다.

이런 일이 가능했던 이유는 바로 '목표가 확실'했기 때문이다. '6개월 만에 일본 버라이어티 쇼에 나갈 정도의 일본어 실력'이라는 구체적이고 확실한 목표를 눈앞에 두고 일본인 선생님의 개인 교습을 받으며 미친 듯이 공부한 결과였다. 물론 6개월 만에 일본어 마스터는 불가능하지만 일단 이렇게라도 해두면 이 바탕 위에서 더욱더 쉽게 일본어 실력 향상이 가능할 것이다.

어차피 외국어 공부는 끝이 없고 더 높은 수준을 향해 평생 달려가야 한다. 처음에는 일단 어느 정도의 궤도에 오르는 것이 중요한데 이때 가장 중요한 것은 목표다. 일본어를 공부하기 전에 구체적이고 확실한 목표를 세워야 성공 확률을 높일 수 있다.

일본어 자체를 목표로 해도 되겠지만 좀 약하다. 그 무언가를 하기 위해, 이루기 위해, 성취하기 위해 일본어를 공부한다는 목표를 세우는 것이 가장 이상적이다.

일본어 공부가 너무 재미있고 일본 문학에 흥미가 있어서 이 분야만을 평생 공부하고 싶다면 일어일문학과 교수를 최종 목표로 해도 좋을 것이다. 일본어를 유창하게 구사하는 한국 최고의 일본 무역상이 되겠다는 목표도 너무 멋지다. 한국과 일본 민간교류의 새로운 장을 열겠다는 목표도 너무나 아름답다. 목표를 세우자. 그리고 그 목표를 이루는 방법의 하나로 일본어를 공부하고 내 꿈에 더 쉽게 다가서기 위한 동력이 되게 하자.

가장 안타까운 경우는 일본어 등 외국어 어학연수를 다녀오고 어느 정도 어학 실력도 갖추었는데 그 능력을 충분히 사용하지 못하는 경우다. 원인은 처음부터 목표 설정에 문제가 있기 때문이다.

초반에 어떤 일이나 공부를 하기 위해 일본어를 배운다는 뚜렷하고 구체적인 목표가 없다면 일본어를 배우는 의미가 퇴색된다. 마치 우리 세대가 중학교 1학년부터 대학 졸업까지 10년 동안 배운 영어를 그다지 잘 활용하고 있지 못한 것과 마찬가지다.

여담이지만 대한민국 부모들이 너무 영어공부에 목매달지 않았으면 한다. 영어를 잘하면 분명 기회의 문이 커질 수도 있으나 세상은 점점 더 복잡해지고 직업도 다양해지며 세상은 눈이 돌아갈 정도로 빠르게 변하고 있다.

유치원생 중에 영어가 너무 재미있어서, 목표가 있어서 공부하는 아이가 몇 퍼센트나 되겠는가? 어학은 결정적 시기가 있다고는 하지만, 적어도 스스로 목표를 세울 수 있는 나이가 되어야 외국어의 집중적 공부가 가능하다. 아이에게 영어를 가르칠 시간에 아이가 무엇을 좋아하는지 찾도록 도와주는 편이 장기적인 관점에서는 더 바람직한 부모의 태도다.

다시 원래 이야기로 돌아가서, 아이가 공부하든 어른이 공부하든 영어든 일본어든 제발 목표를 세우고 공부를 시작하자. 그래야 나중에 전혀 써먹지도 못하고 시간만 낭비했다는 자책을 안 하게 된다. 묻지마 투자는 주식 한 가지로 충분하다.

일본 어학연수가 끝난 뒤에도 기숙사에서 같이 살던 친구들과 일본에 출장을 가서 만나는 등 계속 우정을 나누었다. 내가 떠난 자리에 한국 대학생이 들어왔다. 조용하고 차분한 희정(가명)이는 서울대학교를 휴학하고 일본에 유학 왔다. 목표는 도쿄대에 입학하는 것이었다. 고3 때

가고 싶은 학과가 있었는데 서울대는 갈 수 없는 성적이었다. 서울대에 가려면 마음에 들지 않는 다른 학과를 지원해야 했다.

"그런데요, 엄마, 선생님 그리고 학원 선생님까지 모든 사람의 의견이 일치했어요. 저만 빼고요."

희정이는 좋아하는 공부를 하기 위해 서울대가 아닌 다른 대학에 지원하고 싶었지만, 주변의 반대는 완강하다 못해 철옹성이었다고 한다. 주변 사람들은 희정이를 너는 어려서 '서울대'라는 타이틀이 주는 '대단함'을 모른다는 말로 설득했다. 결국, 서울대에는 들어갔지만 하고 싶은 공부가 아니라 흥미도 느끼지 못하고 이내 후회하게 되었다.

그래서 선택한 것인 일본 유학이다. 일본어 학교에 다니면서 도쿄대를 목표로 공부를 시작했다. 하루는 일본 출장 가서 기숙사에 놀러 갔다가 그곳에서 자고 오게 되었는데 희정이가 자기 침대를 내주었다. 그러면서 이런 이야기를 나눈 것이다.

나중에 희정이는 도쿄대에 들어가지 못하고 귀국했다. 지금쯤 희정이는 뭘 하고 있을까? 희정이는 도쿄대에 들어갈 목적으로 일본어를 공부했다. 이 도전 자체가 무의미하다거나 잘못되었다는 것은 아니지만, 목표는 더 구체적이어야 했다. 그리고 실패하더라도 돌아갈 학교가 있었으며 부모님의 도움으로 경제적 부담이 없는 상태였다.

솔직히 희정이에게는 미안한 말이지만 예정된 실패였는지도 모른다. 일본에 공부하러 올 정도면 배수의 진을 치고 왔어야 한다. 더군다나 도쿄대를 목표로 했다면 말이다. 그리고 더 큰 문제가 있다. 같이 살던 일본인 친구도 은근히 희정이에 대해 내게는 솔직한 심정을 이야기했다.

"지금 희정이가 구사하는 일본어 정도는 누구라도 일본에서 1년 정도만 살면 가능한 수준이야. 만약 대학에 들어갔다 해도 적응하기 쉽지 않았을 거야."

도쿄대가 아니라도 일본 대학에 진학했다면 일본어로 강의를 듣는 것은 물론이고 일본어로 쓰고, 시험 보고, 정말 일본어로 패대기를 쳤을 것이다. 일본 학생들도 학력 저하다 뭐다 해서 대학 수업받을 능력이 없다고 평가받는 요즘이다. 일부겠지만 일본 학생들도 대학 가서 공부가 힘들어서 헤매고 있다는 말이다.

그런데 한국인이 적당히 공부한 일본어로 일본에 있는 대학을 어찌어찌해서 들어간다 해도 수업을 무리 없이 따라갈 수 있는지 의문이다. 일본에서 대학에 진학하려면 일본어 공부를 정말 열심히 해야 한다.

일본을 절대 도피처로 삼지 말 것, 그리고 이왕 공부하는 거 정말 코피 터지게 할 것. 일본에서 일본어 공부를 하려는 사람들에게 요구되는 자세다. 제발 비싼 외화 낭비하면서 일본에서 놀다 오지만 말고 일본어 하나라도, 일본에 대해 하나라도 더 배워서 다 내 것으로 만들고 오기를.

# 외국어를 하나 이상 할 수 있다는 자신감은 중요하다

일본어 강사가 뽑은 '1등 어학돌'은? 유노윤호 1위, 보아·수영 2위

일본어 전문강사가 뽑은 '가장 일본어를 잘하는 한류스타'는 동방신기 멤버 유노윤호인 것으로 나타났다. 외국어 전문 교육기관인 파고다어학원이 일본어 전문 강사 37명을 대상으로 지난 6월 한 달간 진행한 설문 조사 결과 전체 응답자의 43%가 유노윤호의 일본어 실력이 가장 뛰어나다고 답했다. 유노윤호는 일본인다운 말투와 능숙한 맞장구는 물론 자연스러운 표현이 가능하다는 점에서 좋은 점수를 받았다.

특히 한국인이 틀리기 쉬운 문법 실수가 거의 없고 도쿄 표준어뿐만 아니라 젊은 세대들의 말투까지 자유롭게 구사한다고 전문 강사들은 평가했다.

2위는 오랜 일본 활동을 해온 보아와 소녀시대 멤버 수영이 차지했다. 전문가들은 "깨끗한 억양과 발음과 훌륭한 어휘력을 갖추고 있어 품위 있는 일본어를 구사한다"고 호평했다. (…)

파고다어학원 천세은 일본어 매니저는 "한류스타들의 전반적인 일본어 실력은 좋은 편이지만, 한국식 표현이나 억양이 남아 있기 마련"이라며 "한류스타들이 사용하는 일본어를 그대로 따라하기보다는 네이티브와 학습자의 차이를 배울 수 있는 부교재로 참고할 것"이라고 조언했다.

- ≪헤럴드 경제≫ 2012.07.02.

요즘 외국어를 잘하는 아이돌 스타는 '어학돌'이라고 불린다. 바야흐로 아이돌 전성시대다. 노래 잘하고 춤만 잘 추는 줄 알았는데 외국어까지 유창한 연예인은 자신의 가치를 부단한 노력으로 업그레이드한 것이다. 외국어를 잘하면 '지적이다', '노력을 한다'라는 이미지를 준다. 신인이 데뷔할 때도 특정 외국어가 유창하면 그 부분은 상당히 주목받아 언론에 보도되고 좀 더 유명해지면 해외 진출 시에도 분명 유리하게 작용할 것이다.

대중에게 주는 이미지로 봐도, 실제적인 발전 가능성을 따져도 외국어를 잘하는 것은 굉장히 남는 장사다. 더군다나 일본어는 지리적·정서적으로 가까운 일본에 진출하기 유리하게 만들어주고 한류열풍에도 잘 들어맞는다.

외국어는 그 자체로 경쟁력이지만 심리적으로도 굉장한 만족감을 준다. 남들이 나를 보는 시선 자체가 달라지고 스스로 자신감에 넘치게 된다. 주변에 3개 국어를 할 수 있는 사람이 있는가? 대단해 보이지 않는가?

일본 기숙사에서 미국계 회사에 인턴으로 온 미국인 친구와 같이 지냈다. 이 친구가 회사에서 같이 근무하던 재미교포를 두 명이나 소개해 줘서 친하게 지냈다.

두 명 다 교토에서 1년간 어학연수를 한 경험이 있어서 영어, 일어, 한국어가 유창했다. 정말 부러웠다. 그 친구들에게는 전 세계가 직장이 될 수 있다. 영어를 잘하는 것도 큰 무기지만, 일본어가 가능하니 일본에서 취업도 가능했다. 나중에 알고 보니 두 명 다 미국에서 대학 다닐 때 '교토 홈스테이'가 학교 프로그램으로 있었다고 한다. 참 좋은 제도라는 생각이다.

미국 대학이 별다른 이유 없이 이런 프로그램을 만들었을 리는 없다. 미국 대학에서도 일본과 일본 문화 체험의 중요성을 인식하고 많은 이가 경험하도록 배려한 것이 아닐까?

외국어에 자신감을 가지는 것도 중요하지만, 외국어를 잘하면 스스로 자신감이 상승한다. 사람들이 누군가에게 나를 소개할 때도 'OO 씨는 일본어를 잘해요'라는 칭찬이 꼭 양념처럼 들어가게 된다.

예를 들어 어떤 회사에서 일본어 능통자를 뽑았다고 하자. 회사는 이 사람의 JPT 점수 등 공인 인증 시험 점수, 출신 학과가 일본어 관련 학과인지, 일본 연수 경험이나 일본 회사 재직 경력이 있는지 등을 종합적으로 판단했을 것이다. 일본어 면접이 있었을 수도 있다. 면접관이 아니고 프로파일을 못 본 사람들은 정확하게 이 사람의 일본어 실력을 모른다. 아니, 면접관도 확실하게 잘 모른다.

하지만 입사하는 순간 회사 사람들은 이 사람을 '일본어 잘하는 사람'으로 인식한다. 벌써 소문이 쫙 퍼졌기 때문이다. 회사라는 곳은 크나 작으나 이런 소문이 무척 잘 퍼진다. 그리고 퇴사하는 그날까지 이 이미지가 계속 유지된다. 좋은 이미지니 절대 손해는 아니다.

"특기가 있으신가요?"라는 질문에 자신 있게 대답할 수 있는가? 솔직히 나도 특기가 없지만 그나마 하나 있다고 우기면 '일본어'다. 남들하고 조금 차별되는 특기로 '일본어로 의사소통할 수 있다'라고 말할 수 있다.

어떤 사람들은 일본어 잘하는 사람이 한국에 너무 많다고 말한다. 하지만 그게 무슨 상관인가. 다른 사람이 잘하는 것은 문제가 아니고 내가 할 수 있는지가 중요하다.

일본어를 공부해서 자신의 특기로 삼아보자. 새로운 기회가 점점 더 생기고 자신감이 상승할 것이다.

Part 4

일본어 공부 방법

# 일본어 공부의 기본기

모국어가 아닌 언어 정복은 어려운 일이다. 모국어도 정복했다고 할 수 있을까? 여기서 의미하는 정복은 사람마다 의미와 수준에 차이가 있을 수 있다. 그래도 남들에게 "저는 일본어를 할 수 있습니다"라고 당당하게 이야기할 수 있다면 정복이라고 말할 수 있지 않을까?

일본어를 처음 공부하는 사람들의 질문은 거의 유사하다. 그중에서도 특히 많은 질문 중 하나는 단시간에 일본어를 익힐 방법을 알려달라는 것이다. 하지만 언어든 다른 일이든 비법은 없다. 꾸준하고 치열한 노력으로 한 단계씩 밟아 올라가는 수밖에 없다. 그래도 미리 공부해 본 사람으로서 이런 방법이 좋다는 조언은 충분히 해 줄 수 있다.

　일본어 공부를 한다면 이 정도는 명심해야 한다는 내용을 정리해 보았다.


언어는 공부라는 개념보다는 재미있게 해야 포기하지 않고 계속할 수 있다

직장인이 되어도 학생 때만큼 공부해야 할 것들이 많다. 하지만 학생일 때와 다른 점은 공부를 선택해서 자발적으로 할 수 있다는 점이다. 내가 하고 싶어서 하는 독서와 공부는 왜 그렇게 재미가 있는지. 학교 다닐 때 공부가 재미없었던 이유는 바로 '자발성'의 결여에서 연유한 것이다. 일본어 공부도 마찬가지다. 학생이든 직장인이든 자발적인 일본어 공부는 재미있다. 사실 외국어는 공부라는 표현이 맞지 않는다. 한국말을 우리가 공부해서 잘하는 것은 아니다. 외국어도 최종 목표는 그 언어를 내가 직접 사용할 수 있게 되는 것이다. 어쨌든 재미있게 공부해야 한

다는 데 포인트를 두자. 재미있게 공부하기 위해 좋아하는 일본 드라마나 J-POP 등도 다양하게 이용하자.

실제로 어느 정도 일본어 공부가 궤도에 올라서 일본 드라마를 보면, 본인의 일본어 능력을 체크하면서 보는 재미가 쏠쏠할 것이다.


될 수 있으면 단기간에 승부하자

정말 창피한 이야기지만 나의 일본어 실력이 14년 전과 비교해서 더 좋아졌다고 자신 있게 말할 수가 없다. 꾸준히 공부하지 않았기 때문이다. 이 말은 뒤집어보면 근 14년간의 내 일본어 실력은 단 1년간의 어학연수로 거의 결판이 났다는 말이다. 단기간에 승부를 걸어야 하는 이유다. 하루에 한두 시간 학원에 다니는 것만으론 승부를 낼 수 없다. 어떻게든 1년 정도는 가능한 많은 공부 시간을 확보하고 이 계획을 실행에 옮겨야 한다. 언어라는 것은 참 특이해서 한 번 공부하면 쉽게 잘 잊어버리지 않는다. 그리고 해두면 평생 쓴다.


## 일본인 친구를 사귀자

역시 외국어는 실전이 최고다. 일본 어학연수 시절 오전에 학교 수업을 받고 특별한 일이 없으면 기숙사로 바로 돌아왔다. 집에서 점심을 해 먹고 공부하다 보면 하나둘 친구들이 돌아온다. 거실에 일본 친구가 한 명이라도 있으면 방에 있지 않고 그날 학교에서 배운 표현을 쓰기 위해 거실로 나가 말을 걸었다.

언어는 실전이 무엇보다 중요하다. 내 입을 통해서 나온 말이 다시 내 귀로 들어가면서 진짜 나의 것이 된다. 머리에 쏙쏙 들어와서 박힌다. 그날 학교에서 배운 표현을 복습도 하고 친구들과 이야기 나누며 친해지고 일거양득이었다.

한 번은 일본어 학교 친구인 말레이시아 친구와 함께 점심을 먹었다. 친구와는 당연히 일본어로 대화를 나누었다. 내가 친구보다 일본어를 조금 더 잘했던 것 같다. 그 친구가 하는 말이 일본어로 대화하니까 너무 좋다는 것이다. 자기는 일본인과 평소에 대화할 기회가 거의 없어 고민이 많았는데 나와 이야기를 주고받으니 부담도 적고 좋은 공부가 된다고 기뻐했다. 도움이 되는 것은 나도 마찬가지였다.

또 한번은 우리 기숙사에 조치 대학교에 유학 온 미국 학생들이 놀러와서 같이 어울렸는데 그중 한 명이 나에게 영어로 뭔가 물어보면 내가 일본어로 대답해 주었더니 일본어 공부가 된다며 너무 좋아했던 일도 있었다. 나는 영어를 대충 알아는 듣는데 영어 회화는 잘 안되니까 그런거고, 그 친구도 일본어를 조금 알아는 듣는데 잘하지는 못했기에 두 사람이 대화할 수 있는 최고의 방법을 각자 쓴 것이다. 나도 영어공부에 일본어 실전까지 되는 좋은 경험이었다.

일본에 유학이나 어학연수를 가면 일본인 친구도 적극적으로 사귀어 보고 다른 외국인 친구들과도 일본어로 대화를 많이 나누어보자. 역시 실전이 최고다.

# 일본어 실력을 높이는 방법

일본어를 잘하는 사람들은 일본어는 공부하기 쉽다는 말을 곧잘 하는데 처음 배우는 사람에게도 과연 일본어가 쉬울까? 사실 다른 나라 언어를 머리가 굳은 어른이 배운다는 것이 쉬운 일은 아니다. 결국, 필요한 것은 노력뿐이다.

쉽게 얻어진다면 남들과 어떻게 차별화가 되어 나의 경쟁력이 되겠는가. 남들이 하루아침에 따라올 수 없는 차원의 필살기 중 하나가 바로 '외국어 능력'이다.

성인이 되어 배우는 외국어는 일단 문법을 통달해야 실력이 붙는 속도가 빠르다. 요즘 나오는 책 중에 쉽게 배우자는 취지에서 일단 문법은 하지 말라고 주장하는 책이 있으나 이러면 실력 향상이 더디다. 몇 개월 정도 고생스러워도 문법을 마스터하면 그 후로 평생 편하다.

　문법을 먼저 공부하지 않고 처음부터 어휘 위주로만 계속 공부하면서 이따금 문법 공부를 하면 일정 수준에 올라서기까지의 시간이 더 오래 걸리고 문법 이외의 다른 실력 향상 속도가 함께 떨어진다. 최종 선택은 공부하는 사람이 해야겠지만, 문법을 단기간에 마스터하고 어휘를 늘려나가는 방법을 쓰면 1년 안에 유창한 회화가 가능하다고 확신한다.

　일본 어학연수 초급2 반에서 친하게 지냈던 동생 지현이는 한국에서 대입에 실패하고 마침 부모님께서 일본으로 일하러 오게 되어 가족과 함께 일본으로 왔다. 일본 대학에 진학하기 위해 공부를 하고 있었는데 본인 말에 의하면 히라가나도 모르는 백지상태에서 초급1 단계부터 일본어 학교에서 공부를 시작했다. 초급1 과정이 3개월이고 초급2까지 마치면 6개월이다. 열심히 공부했다면 문법을 거의 완벽하게 공부하게 되는 시점이다.

　히라가나도 모르던 지현이는 6개월 만에 아주 유창하

지는 않아도 자신의 의사를 문법적인 오류 없이 말하는 수준이 되었다. 나도 놀랐지만 지현이도 무척 만족스러워했다. 나중에 일본에서 4년제 대학에 들어갔음은 물론이다. 문법적인 뒷받침이 안 되면 1년이고 2년이고 회화할 때마다 헷갈릴 수 있다. 힘들더라도 문법은 꼭 거쳐야 할 과정으로 생각하고 철저히 공부하자.

가끔 본인은 일본어를 못하면서 일본어 할 줄 안다고 하면 "그거 배우기 쉽잖아요"라고 간단하게 말해버리는 사람이 있다. 확실히 배우기 쉬운 점도 있다. 하지만 더 정확하게 말하면 '처음 배울 때는 쉽다. 그러나 그다음 과정은 그리 만만하지 않다'로 요약된다.

벌써 18년째 일본에 사는 친구 선미는 일본인과 결혼해서 16년을 살았으니 일본어는 거의 생활이 되었다. 일본어 학교에 같이 다니던 시절 선미는 내게 부러움의 대상이었다. 일본어 학교에서 선미와 같은 반이 되었을 때 나는 일본에 간 지 10개월째였다.

비즈니스 일본어 수업에서 처음 만났는데 선미는 당시 처음 생긴 '워킹홀리데이' 비자로 일본에 왔다. 선생님께서 질문하고 우리가 답하는 방식의 수업이 많았다. 일본어 선생님 중 한 분은 선미가 일본어로 대답하면 항상 감탄하시며 이렇게 말씀하셨다.

どこでそんなに美しい日本語を覚えましたか。
(어디에서 그렇게 아름다운 일본어를 공부했습니까?)

나도 저런 칭찬 한 번 받아봤으면 소원이 없겠다 싶었다. 나중에 알고 보니 선미는 일어일문학과 출신이었다. 역시 내공이 남다른 이유가 있었다. 선미에게 18년째 일본에서 살고 있으니 일본어의 달인이 되었겠다고, 16년 전에도 그렇게 잘했는데 더 말해 무엇하냐 했더니 의외의 대답이 돌아왔다.

"생활에 불편함은 없지만, 항상 쓰는 말만 사용하게 되는 경향이 있어서 일본어 실력이 향상되고 있다는 느낌이 별로 없어."

역시 일본 현지에서 오래 살아도 외국어이기에 실력을 향상하기 위한 남다른 노력을 기울여야 한다. 전문가들의 주장대로 어린 시절, '어학 공부의 결정적 시기'에 외국어를 배우면 이런 고민은 자동으로 사라지는 것일까? 이런 의문은 공병호 박사의 『영어만은 꼭 유산으로 물려주자!』를 참조하면서 조금 해소되었다.

일단 아이들의 외국어 공부는 15세 전에 하면 확실히 유리하다. 너무 일찍 시작하는 것도 모국어 공부에 방해되니 문제가 있다. 공병호 박사는 10~15세 정도를 외국에 나가 다른 언어를 공부하는 적기로 봤다. 하지만 더 중요한 포인트는 노출이다.

결국 언제부터 영어를 시작하느냐보다는 얼마나 집중적으로 영어에 노출되는 기회를 가질 수 있는가라는 점이 포인트라 할 수 있다. 그러므로 결정적 시기 이전에 영어의 바다에 빠뜨리는 것이 중요하다.

- 공병호, 『영어만은 꼭 유산으로 물려주자!』

결국 가장 중요한 포인트는 다음과 같지 않을까?

어떤 환경에서 공부하든지 간에 제대로 된 고급 영어를 구
사하기 위해서는 평생 동안 갈고 닦아야 한다.
                              - 공병호, 『영어만은 꼭 유산으로 물려주자!』

외국어를 마스터하려면 반평생을 바쳐야 하며 또 그렇게 배
운 것을 잊지 않으려면 나머지 반평생도 바쳐야 한다. 외국
어 공부는 하루아침에 끝나는 일이 아니다. (…) 학창시절
에 외국어 하나라도 마스터한 사람은 평생 지적 생활의 행
복감을 맛볼 수 있다.
                              - 와타나베 쇼이치, 『지적 생활의 발견』

두 저자는 영어에 관해 이야기하고 있지만, 일본어도 마찬
가지다. 모든 외국어에 통용되는 이야기다. 외국어는 배우
기 쉬울 수 없다. 그래서 더욱더 즐겁게 공부해야만 한다.

# 일본어 공부가 어려운 이유

国境の長いトンネルを抜けると雪国であった。夜の底
が白くなった。
국경의 긴 터널을 빠져 나오자 설국이었다. 밤의 밑바닥이
하얘졌다.

- 가와바타 야스나리『설국』

일본의 서정성과 아름다움을 극대화했다는 평가를 받는
가와바타 야스나리의 대표 작품『설국』. 그 유명한 첫 문
장이다. 위의 문장은 민음사에서 나온『설국』을 참고했다.

그리고 다음 번역을 보자.

접경의 긴 터널을 빠져나오니 눈이 많이 내리는 고장(雪國)
이 나타났다. 밤의 밑바닥이 환해졌다.

느낌이 아주 다르지 않은가? 위의 글은 다른 출판사에서
다른 번역자에 의해 번역된 글을 옮긴 것이다. 번역자의
역량에 관해 이야기하려는 것이 아니다. 일본어도 외국어
이기에 기본적인 내용이나 의미 전달은 같을지 모르지만,
번역자가 어떤 어휘를 사용하고 문장을 썼는지에 따라 그
느낌이 확연히 다르다는 이야기를 하고 싶다. 인터넷에서
어떤 분이 해 놓은 번역은 또 약간 다르다.

국경의 긴 터널을 빠져나오자 설국이었다. 밤의 끝이 하얘
졌다.

세 문장 중 어떤 번역이 가장 마음에 드는가? 난 맨 마지
막 번역이 가장 마음에 든다. 이처럼 일본어 문학 작품을

번역하는 일은 단순한 직역으로는 어림도 없는 일이다. 이 내용에 대해서는 앞에서 이종인 번역가의 예를 들어 언급했다. 훌륭한 번역은 절대 쉽지 않다.

독일 철학자 피히테는 '독일 국민에게 고함'에서 바로 이 이데아를 예로 들면서 언어에 대한 감각적 이해의 단계를 거치지 않은 채 추상적인 의미로 도입된 번역어들이 개념의 이해를 어렵게 한다는 말을 한다.

- 김주일, 『철학자의 서재』

즉, 번역자가 번역하고자 하는 외국어에 대해 철저하게 분석하고 곱씹어서 뱉어낸 번역만이 전문 번역으로서 가치가 있다. 번역 수준이 많이 높아졌다는 요즘에도 엉터리 번역 때문에 도저히 책장이 안 넘어가는 수준 이하의 번역서들이 가끔 등장한다.

박해현 조선일보 논설위원은 서툰 번역은 요즘같이 외국 문학 전공자들이 많은 때에는 금방 난도질당하며, 외국 문학을 전공한 출판사 편집자들이 번역 원고를 서너 번씩

검토해서 출간하는 것이 요즘 출판계의 일반적 모습이라고 말한다. 수준이 많이 높아진 것이다.

　이런 면에서 본다면 일본어도 어떤 경지에 오르기까지 만만치 않은 수준의 공부를 요구한다. 머리가 아파진다. 하지만 너무 걱정할 필요는 없다. 우리가 모두 훌륭한 번역가를 최종 목표로 지향하고 있지는 않으니까 말이다.

　조금 위안이 되는 이야기를 하면, 일본어를 공부해서 일상적인 대화를 하는 수준에 이르는 정도는 그리 어렵지 않다는 것이 일본어를 공부해 본 사람들의 일반적인 견해다. 왜냐하면, 일상대화에서 쓰는 어휘들은 한정적이어서 일본 소설책에 나올 법한 어려운 단어를 사용하는 경우는 그리 많지 않기 때문이다.

　또한, 위의 『설국』처럼 원작의 묘미를 살린 번역 수준의 일본어가 일상 회화에 필요하지는 않다. 물론 일본어를 전혀 못하는 사람들에 비하면 일상적인 대화가 가능한 수준의 일본어도 대단한 실력이라고 생각한다.

　그런데 들어봤을지 모르겠다. 일본어 공부, 들어갈 때는 웃고 나올 때는 운다는 말이 있다. 이게 무슨 뜻이냐 하먼 처음 배울 때는 우리네 말과 문법도 비슷하고 단어도 제법 비슷하며 같은 한자 문화권이니 한자도 그리 생소하지 않다. 발음도 몇몇 우리 말에 없는 것들이 있지만 신경이 많이 쓰일 정도도 아니다. 일본 사람들이 우리말을 배울 때 발음 때문에 고생하는 것을 생각하면 우리가 일본어 배울 때의 발음은 거저먹는 수준이다.

하지만 문제는 고급 일본어로 가면서 생긴다. 일본어로 일상 대화가 가능한 수준이 되면 더 잘하고 싶어진다. 그런데 많은 사람이 이 단계에서 높은 수준으로 못 올라가고 실력이 제자리를 맴돈다. 어차피 우리가 현지인만큼 언어를 구사하는 것은 어렵지만 더 잘하고 싶은 마음이 드는 것이 인지상정이다. 언어라는 것이 노력하면 계속 수직상승이 될 것 같으면서도 어느 순간 한계가 느껴진다.

일본어는 상대적으로 우리말과 비슷한 어휘도 많지만, 전혀 생소한 표현도 많아서 중급 이후부터의 공부가 쉽지 않다.

일본의 개그, 코미디 등 예능 프로를 '오와라이 방구미[お笑(わら)い番組(ばんぐみ)]' 라하고, 코미디언은 '오와라이 게닝[お笑(わら)い芸人(げいにん)]'이라고 한다. 이 '오와라이 방구미'의 내용이 들릴 정도면 대단한 수준의 일본어 실력이다. 말이 워낙 빠르고 당시의 시대상을 반영하는 신조어까지 다 꿰고 있지 않으면 들려도 이해가 안 가기 때문이다. 이런 고난도 수준까지 가기는 무척 힘들다.

일본어가 어려운 또 다른 이유는 '히라가나', '가타카나'에 '한자'까지 쓰기 때문이다. 더군다나 일본에서 쓰이는 한자는 중국어 간자와는 완전 다르고 우리의 한문과는 다소 비슷하지만, 음독과 훈독이 있어서 같은 글자라도 경우에 따라 읽는 방법이 다양하다. 일본어 한자를 소리로 읽는 것을 음독, 뜻으로 읽는 것을 훈독이라고 한다. 하나의 한자에 대해 음독, 훈독을 별도로 공부하는 방법보다는 단어나 복합어로 된 한자를 외우는 것이 훨씬 효과적이다.

일본어 공부를 해서 일상대화 정도는 하는데 일본어 한자를 전혀 모르는 사람을 본 적이 있다. 일본어를 사용해서 일할 때는 말 뿐 아니라 문서도 작성해야 하는데 한자를 모르니 서류 작성이 제대로 될 리 없다. 이런 경우 반쪽짜리 일본어를 배운 것이다. 일본어를 공부하면서 한자 공부는 필수다.

나도 일본 어학연수 1년을 다녀온 직후에도 일본어에 자신이 없었다. 가장 큰 걱정은 일본어로 의사소통은 되는데 비즈니스, 즉 일에 잘 사용할 수 있을까 하는 우려였다. 비즈니스 일본어를 별도로 공부해도 불안감은 가시지 않았다. 그러다가 일본 일을 하는 회사에 들어가서 일본어를 사용한 실전 비즈니스를 경험하게 되었다. 일본에 출장 가서 직접 일본인들과 회의도 하고 일을 진행해야 했다.

처음에는 너무 긴장돼서 마음고생을 많이 했다. 첫 회의에 들어갔는데 말이 좀 빠르고 발음이 정확하지 않은 사람의 말은 잘 들리지 않았다. 머리가 아프고 정신이 아득해졌다. 처음에는 우울증에 걸릴 지경이었다. 하지만 하루하루 지나면서 서서히 적응해 나가게 되었다.

한 번 출장을 가면 2주 동안 일본 도쿄에 머물렀는데 온종일 일본 사람들과 일하면서 새로운 비즈니스 용어도 알아나가고 주말에는 일본 친구들과 즐거운 시간을 보냈다. 얼마 지나지 않아 일본에서의 회사 생활에도 꽤 많이 적응하게 되었다. 일본어로 일이 가능하게 되니 일본어에 대한 자신감이 많이 상승했다.

일본어 공부를 시작한 지 20년이 넘었지만, 매일매일 공부를 했다고 말은 못 하겠다. 더 솔직히 말하면 일본어로 의사소통이나 일이 가능하게 된 이후에는 별도의 공부를 하지 않았다. 그런데 지금 생각하면 꾸준히 일본어 공부를 하지 않은 점이 후회된다. 정체된 일본어 실력에 이대로 괜찮나 고민도 된다. 끊임없이 어휘나 더 고급스러운 표현을 익혀야 하고 단시간에는 이것이 어렵기 때문이다.

# 일본어를 할 줄 아는 것과
# 잘하는 것의 차이

대학에서 학생들을 가르치는 교수가 자신의 영어실력에 만
족해하지 못할 것이라고는 누구도 상상하지 못했을 것이다.
하지만 나는 강단에 서면서도 항상 내 영어실력에 자신감이
없었다.

『지적 생활의 발견』에서 저자인 와타나베 쇼이치는 평생
영문학에 매진하기로 한다. 그러나 자신의 영어 실력에 대
한 불만이 해소되지 않자 30대 후반에 다시 유학길에 오른
다. 유학의 목표는 바로 '영어로 된 현대소설을 진정으로

이해하고 재미있게 읽는 것'이었다. 이 대목을 읽고 나의 고민과 같다는 사실에 반가움을 느꼈다.

예를 들어 지금의 내 실력은 무라카미 하루키의 소설을 겨우 읽을 수는 있지만 모르는 한자도 많고 한국 소설을 읽을 때와 같은 즐거움은 못 느끼는 수준이다. 그래서 누군가에게 '저는 일본어를 정말 잘합니다'라고 말하기에는 부족한 실력이다.

일본에 같이 출장을 다녔던 회사 선배는 나보다 일본어가 유창했다. 당시에 3년 이상 일본에 출장을 다니고 있었고 언어 감각도 있었다. 일본 출장에 적응하며 선배가 일본 사람들과 자연스럽게 회의하는 모습을 보고 '와, 정말 부럽다'라고 생각했다.

이 선배의 일본어 실력 최종 목표는 '주간문춘(週刊文春)'이라는 일본 잡지를 쓱쓱 읽을 수 있는 수준이라고 했다. 이처럼 일본어로 비즈니스가 가능한 수준이라 해도 일본어에 대한 목마름을 느낀다. 초보자들이 생각하면 '배가 불렀군' 할지 모르나 일종의 지적 만족을 추구한다고 보면 된다.

다시 와타나베 쇼이치의 이야기로 돌아가서, 결국은 두 번째 유학으로 영어에 대한 불만감을 해소하게 된다.

그날은 내 인생에서 매우 특별한 날이었다. 『마조리 모닝스타』는 초 베스트셀러답게 무척 재미있는 소설이었다. 이 책은 외설문학도 추리 소설도 아니었다. 청춘 소설이었는데, 일종의 미국식 교양소설 같았다. 나는 이 소설을 읽으면서 어린 시절 『삼국지』를 읽으면서 느꼈던 흥분과 즐거움을 다시금 경험할 수 있었다. 첫 장을 펼치자마자 단숨에 책을 읽어 내려갈 수 있었고, 마지막 장을 읽을 때까지 가슴이 뛰었다. 그리고 오랫동안 내 안에 잠재되어 있던 영어 실력에 대한 불만감을 드디어 날려버릴 수 있게 되었다. 나는 그 자리에서 덩실덩실 춤이라도 추고 싶었다.

나도 무라카미 하루키의 소설을 와타나베 쇼이치처럼 단숨에 읽어 제낀다면 덩실덩실 춤이라고 추고 싶을 것 같다. 외국어로 된 소설을 마치 한국 소설을 읽듯 한다는 것은 그 언어를 거의 마스터 했다는 것과 같은 의미니까.

일본어도 공부하면서 단계마다 고민거리가 달라진다. 초보는 일본어 문법 때문에 고생, 초·중급으로 올라가면 한마디라도 더 해보고 싶은데 입이 잘 안 떨어지고, 중급으로 올라가면 어휘 부족과 한자의 파도에 휩쓸려서 질식할 것만 같다. 중·상급으로 올라서면 말은 좀 되는데 어려운 뉴스나 토크쇼, 일본어 신문 등을 자유자재로 듣고 읽고 싶다는 욕심이 생겨난다.

보통 이즈음에서 많은 사람이 실력의 정체를 겪는다. 방법은 따로 없다. 시간을 들여서 공부하는 수밖에는. 일본어 실력에 따른 과정들을 잘 거치면 진정한 일본어 고수로 우뚝 설 수 있을 것이다.

조금 할 줄 아는 것과 잘하는 것은 엄청난 차이다. 모든 언어가 그러하듯이 고급 언어를 구사하고 모든 그 나라의 언어로 된 출판물, 콘텐츠를 소화할 수 있으려면 많은 시간과 노력이 필요하다. 일본어도 이왕 공부하는데 고급 회화를 구사하고 책도 쉽게 읽고 잡지도 쓱쓱 읽을 정도의 실력을 갖춘다면 더 다양한 비즈니스와 분야에서 자신의 능력을 펼칠 수 있을 것이다.

# 한국 사람이 일본어를
# 빨리 배울 수 있는 이유

한국 사람이 일본어를 배우기 쉬운 가장 큰 이유는 역시 문법이 유사하고 발음이 한국 사람에게 그다지 어렵지 않기 때문이다. 어순이 같아서 문장 만들기가 쉽다는 것도 굉장한 장점이다. 영어 공부가 어려운 이유가 바로 어순과 문법이 많이 다르기 때문이 아닌가.

어학연수를 가도 한국 사람이 절대적으로 유리하다. 어학연수를 가면 한국 사람은 일본 사람과 거의 구분이 안 된다. 그래서 사람들이 일본 사람으로 생각하고 말을 건다. 처음에는 말이 빨라서 못 알아듣다가 점점 익숙해지면 일본 사람처럼 들을 수 있게 된다. 미국인이나 유럽에서 온 사람들은 외모가 달라서 말 거는 사람들도 영어를 쓰려고 하거나 일본어를 써도 아주 천천히 말해서 실전 일본어 향상에 도움이 안 된다.

문득 관련된 에피소드가 하나 떠오른다. 일본에서 슈퍼나 편의점에 가서 물건을 골라 점원에게 주면 알아서 계산해준다. 우리나라도 마찬가지긴 하지만. 어쨌든 보통은 점원과 대화를 나눌 일이 없다. 그런데 슈퍼에서 방심하고 있는데 대뜸 점원이 말을 거는 경우가 있다. 처음 일본에 가서 일본어가 잘 들리지 않았던 때는 점원이 하는 말을 전혀 못 알아들었다. 서양 친구들은 생김새가 전혀 다르니 말 거는 사람들이 알아서 천천히 말한다.

하지만 나 같은 동양인은 일본인으로 생각되기 일쑤다. 내가 말을 못 알아들으면 말을 건 사람이 더 놀라서 당황한 표정을 감추지 못한다. 또 그 당황한 표정을 접수한 나는 더 긴장해서 되던 일본 말도 막 더듬고….

일본에 간지 얼마 안 되어 하루는 슈퍼에 쌀을 사러 갔다. 계산하고 난 뒤 점원이 물었다.

"お袋に入れましょうか(오후꾸로니 이레마쇼오까; 봉투
에 담을까요?)"

처음에는 이 말을 전혀 못 알아들었다. 말은 어찌나 빠른
지. 보통은 그냥 봉투에 넣어 주는데 쌀이라 제법 부피가
있어서 품에 안고 갈지도 모른다고 생각한듯하다. 못 알아
들었으면 다시 말해 달라든지 하면 되지만 갑자기 당황하
면 아무 생각도 안 난다.
　3초 정도 점원이랑 말없이 서로 얼굴을 멀뚱멀뚱 쳐다
보다가 대충 눈치로 상황이 파악돼서 'いいえ(이이에; 아
니요)'라고 한마디 한 뒤 쌀을 들고 잽싸게 가게에서 나왔
다. 얼굴이 화끈거렸다. 도시락 가게에서도 비슷한 일은
많이 일어났다.

"お箸入れましょうか(오하시 이레마쇼오까; 젓가락 넣을
까요?)"

이 말도 잘 알아듣지 못해서 당황하기 일쑤였고 편의점에

165

가서도 비슷한 일이 몇 번이고 반복되었다. 여러 번 들어도 일본 사람들이 평상시 속도로 하는 빠른 말에 적응하는 데는 시간이 꽤 걸렸다.

나중에는 가게에 갔을 때 점원이 뭐라고 말하면 못 알아들어도 그냥 'はい(하이; 예)!' 해버리는 방법을 생각해내고 스스로 흐뭇해하기까지 했다. 이런 걸 '현지 적응'이라고 해야 하나?


네덜란드에서는 어릴 때부터 몇 가지 외국어를 함께 배우므로 고등학교를 졸업할 즈음이면 3개 국어를 구사하는 것은 기본이다. 대학 입학을 준비하는 고등학교에서는 라틴어도 배운다. 물론 네덜란드어가 독일어나 프랑스어, 그리고 영어와 비슷한 언어 구조와 어휘들을 사용하므로 외국어를 배우기 쉽다는 이점이 있다.

　　　　　　　　　- 공병호, 『영어만은 꼭 유산으로 물려주자! 』


언어 구조와 어휘가 비슷한 점뿐만 아니라 네덜란드의 외국어 학습에 대한 정책이 뛰어나서 네덜란드 사람들은 몇 가지 외국어가 가능하다고 한다. 하지만 우리는 이러한 이점을 잘 살리지 못하고 있다. 일본어나 중국어는 영어보다는 쉽게 배울 수 있고 우리는 일본, 중국과 지리, 역사, 군사 등 모든 분야에서 밀접한 관계를 맺고 있다.

대한민국은 여전히 영어공부에 몸살을 앓고 있다. 영어가 일본어나 중국어보다 더 우선시 되고 있다. 미래에 우리에게 더 많은 영향과 이익을 준다면 영어 공부할 시간에 일본어나 중국어에 집중하는 편이 더 현명한 선택이 될 것이다. 선택은 개인의 몫이지만 큰 흐름을 놓쳐서 후회하는 일은 없어야 한다.

# 덤으로 한자까지 얻어가자

일본어 한마디 못하는 조선의 통신사들은 일본을 방문하는
동안, 일본 유학자들과 글을 주고받으며 아무런 지장 없이
의견을 교환할 수 있었다. 일본어를 배우지 않고서는 일본
인과의 대화가 불가능한 지금으로 볼 때, 좀처럼 믿기지 않
는 일은 1,000년 이상 지속되었다.
- 심훈, 『일본을 보면 한국이 보인다』

『일본어 한자의 달인이 되는 법』에서 저자 황인영은 일본
한자를 모르고는 절대로 일본어의 달인이 될 수 없다고 말

한다.

왜냐하면 일본어 구성 요소 중 47%는 한자어로 되어 있기 때문이다. 설사 말을 잘한다손 치더라도 한자를 읽지 못하면 문맹자나 다름없을 뿐만 아니라 수준 높은 일본어를 구사할 수도 없다. 이를테면 어린이가 모국어를 유창하게 말할지언정 신문을 읽지 못하는 것과 마찬가지다.

일본어는 한자까지 알아야 해서 진입 장벽이 높다. 배우기 쉽다면 그만큼 경쟁력이 떨어진다는 이야기니 좋을 것이 없다. 다행인 것은 일본의 상용한자 1,945자와 우리나라의 기초한자 1,800자는 90% 이상 겹친다는 사실이다.

한자를 원래 많이 알고 좋아했다면 더할 나위 없고 잘 모른다 해도 일본어를 공부하면서 한자까지 정복한다는 마음으로 공부에 임하자. 어떤 분은 일본어 공부하는데 한자는 빼고 공부하면 안 되냐고 물어보시는데 절대 안 될 말씀이다.

일본어는 우리말과 다르다. 한국어는 한자를 전혀 사

용하지 않아도 의미 전달에 심각한 문제는 없다. 하지만 일본어는 띄어쓰기도 없어서 만약 한자를 사용하지 않고 히라가나로만 글을 쓰면 일본인도 전혀 의미파악을 못한다.

일본어 공부에 한자 습득은 필수지 선택이 아니다. 앞에서도 말했듯이 위기를 기회로 삼자. 일본어를 공부하면서 한자까지 얻어가는구나! 하고 긍정적으로 생각해보자. 일본어 공부가 더 즐거워질 것이다.

미 국무부가 '초고난도 언어'로 꼽은 네 가지 언어가 '한국어', '중국어', '아랍어', '일본어'라고 한다. 갑자기 한국인인 것이 더 자랑스러워진다. 우리에게는 비교적 배우기 쉽다는 일본어와 중국어가 초고난도 언어에 들어 있으니 더 기분이 좋아진다.

일본 초등학생들이 배우는 한자가 1,006자다. 일단 이 정도만 외워도 상당한 일본어 한자 실력을 갖추는 셈이다. 그리고 여기에 주요 상용한자 917자 정도를 더 공부하면 일본어를 위한 한자 공부가 어느 정도 수준에 도달한다.

유럽에 라틴어가 있다면 동양에는 한자가 있다. 요즘

한국에서 한자 교육이 다시 인기를 얻고 있다. 사실 지금의 한자 인기는 바로 중국의 부상과 중국어의 필요성에 의한 것이다. 요즘 중국어의 중요성은 모두가 인지하고 있다. 한자를 배운다면 일본어뿐만 아니라 중국어를 공부할 때도 큰 힘이 된다.

영산대 일어학과 이우석 교수는 한글세대는 '한맹(漢盲)'이나 다름없다며 중국어나 일본어 공부가 필요한 사람만 한자를 배운다는 시각은 잘못되었다고 지적한다.

한자를 모르면 단어의 의미파악이 잘 안 될 뿐만 아니라 문장 이해도에서도 많은 지장을 초래하게 된다. 또한, 풍요롭고 윤택한 우리의 언어생활을 기대할 수 없다.

한국에 사는 내 일본인 친구는 남편이 한국 사람이고 본인도 한국말을 잘한다. 하지만 책을 쓱쓱 읽을 정도는 안 된다며 안타까워한다. '공부하면 되지 않나'라고 쉽게 생각이 들 것이다. 하지만 그게 쉽지 않은 이유는 바로 한글은 일본어처럼 한자가 섞여 있지 않기 때문이다.

한자가 하나도 없으니 읽는 것은 금방이지만 의미를 전혀 이해할 수가 없으니까요. 결국, 한자 없는 단어들을 그대로 다 외워야 하니 어려울 수밖에요.

- 심훈, 『일본을 보면 한국이 보인다』

심훈 교수가 도쿄 체류 당시 일본어 선생에게 한글을 배운 적이 있느냐고 하니 위와 같은 이유로 어려워서 한글 공부를 포기했다고 말한다. 마찬가지로 일본어가 히라가나와 가타카나로만 구성되어 있고 띄어쓰기가 있었다고 가정하면 지금보다 더 배우기 어려웠을지 모른다. 이쯤 되면 일본어가 한자를 섞어 쓰는 것을 감사해야 할 지경이다.

일본어는 한자의 음독과 훈독이 어렵기는 하지만 한자를 알면 의미 파악이 거의 된다. 심지어 일본어를 전혀 몰라도 한자로 문장의 의미를 유추해내는 뛰어난 능력을 갖춘 사람도 많다.

한국말도 한자를 많이 알면 그 의미가 더 잘 이해된다. 한자 공부, 이제부터라도 즐겁게 시작해보자.

# 일본어를 공부하면 좋은 점
# 스무 가지

압구정동에 일이 있어서 갔다가 전철 플랫폼에서 한 무리의 일본 관광객들을 만났다. 네 명의 여성이었는데 가이드 책을 들고 무엇인가 의논을 하고 있었다. 말을 걸었다. 당연히 일본어로 "어디 찾으시는데요?"라고 말이다. 금방 환해진 표정들. 도산공원 근처에 있는 레스토랑을 찾고 있었다.

일단 개찰구로 이동했다. 아무래도 시간이 일러서 가게 오픈 전일 것 같았다. 전화를 해봤더니 11시에 개점이라고 했다. 그렇게 말해 주고 택시를 타는 것이 기장 좋을 것 같아 지상으로 올라가서 택시를 잡도록 도와줬다. 택시 타러 가는 그 짧은 시간에 많은 대화를 나누었다. 일본어를 잘한다고 칭찬해줘서 기분이 좋았다. 택시 기사 아저씨께 잘 부탁한다고 말하고 출발하는 택시에 손을 흔들었다. 우리나라를 보러 온 관광객에게 좋은 인상을 준 것 같아 흐뭇했다. 이런 일도 일본어가 가능하면 할 수 있는 일이다. 작은 일이지만 무척 보람 있었고 좋은 기억으로 남아있다.

일본어를 하면 좋은 점을 나열해보았다.

1. 일본 자유 여행 시 편리하다.
2. 일본인 친구를 사귈 수 있다.
3. 일본 드라마나 영화를 자막 없이 볼 수 있다.
4. 일본어를 사용하는 기업에 취직할 때 유리하다.
5. 일본 관련 자료나 책을 읽을 수 있다.
6. 한 가지 외국어를 할 수 있다고 말할 수 있다.
7. 일본에 취업할 수 있다.

8. 자녀가 일본에 있는 학교에 진학할 때 도움을 줄 수 있다.

9. 한국에서 관광하는 일본인에게 도움을 줄 수 있다.

10. 자녀에게 일본어를 가르치거나 도움을 줄 수 있다.

11. 일본인에게 한국어를 가르치기 쉽다. (물론 일본어 몰라도 가르칠 수는 있지만)

12. 일본 아닌 외국에 나가서도 일본계 기업에 취업할 수 있다.

13. 한국 배우가 일본어 대사를 할 때 일본어 잘하는지 바로 평가할 수 있다. (실제로 종종 식구나 친구들과 같이 TV 보면 자주 받는 질문이다)

14. 각종 특기 입력란에 당당하게 '일본어'라고 쓸 수 있다.

15. 영어나 다른 언어도 할 수 있으면 3개 국어 가능자가 된다. 주변의 시선이 달라진다. 한국말도 잘하기 어려운데 3개 국어라니!

16. 영어 못해도 일본어가 통하는 나라가 꽤 있다. 예를 들면 괌도 그중 한 곳이다. 생각보다 편리하다.

17. 일본어로 업무 가능한 사람이 필요한 기업에 입사 시 매우 유리하다.

18. 일본어로 된 매체를 이해하는 데 편하고 단순한 번역이나 통

역과는 다른 차원의 감동을 할 수 있다.

19. 외국어가 한 가지 이상 가능하다는 자부심을 느낄 수 있고 이것은 상당히 자존감을 높여준다.

20. 일본 한자는 70% 정도 한국에서 사용하는 한자와 중복된다. 일본어 공부로 한자 실력 쑥쑥!

# 나의 일본어 실력은
# 어느 정도일까?

일본어 공부를 하다가 실력이 좀 붙으면 내 실력이 어느 정도일까 측정해보고 싶어진다. 공부를 열심히 했다면 더 알고 싶어진다. 내 실력이 얼마나 늘었을까? 무슨 진단 시약이 있어서 몇 초 안에 뚝딱 나오면 좋으련만. 뇌 과학이 진일보하는 미래사회에는 이런 진단 시약도 나올지 모른다.

나에게도 치명적인 약점이 있으니 바로 일본어 한자다. 나의 실력은 아직도 중상 정도다. 내가 상급으로 못 치고 올라가는 건 순전히 일본어 한자라는 녀석 때문이다. 더 솔직히 말하면 어휘도 부족하다. 하지만 여기서 물러날

수는 없다. 이때까지 공부한 것이 아까워서라도 더욱 힘을 내야 한다.

오랜만에 나의 실력을 점검하기 위해 일본어로 된 책을 집어 들었다. 유미리의『생명(命)』. 2002년에 일본 출장 가서 산 책이다. 한참을 묵혀두고 이제야 읽다니. 책 욕심은 있어서 사놓고는 이렇게 안 읽기 일쑤다.

얼마 전 무라카미 하루키의 소설『1973년의 핀볼』일본어판을 읽다가 좌절한 경험이 채 가시지 않던 터, 그런데『생명』은 간간이 모르는 한자가 있었지만 제법 잘 읽힌다. 그래도 조금 읽히니 다행이다라고 묘한 위안을 받는다. 심기일전해서 일본어 한자 공부 책도 두 권 구매하고 어휘 확장을 위해 드라마로 공부하는 어학서도 하나 샀다.

일본어 공부 20년 차도 이렇게 공부를 해야만 하는 것이 현실이다. 왜냐하면 일본어 공부에 끝은 없으니까. 아니, 모든 공부에 끝이란 없다.

일본어 실력도 알아보고 공인된 점수도 받아보고 싶다면 JPT, 일본어 능력 시험(JLPT) 등 공인어학능력 평가 시험을 쳐보자. 학원에 다니면서 일본어 공부를 혼자 하다 보면 내 실력이 어느 정도인지 감도 안 오고 제대로 하고 있는지 슬슬 불안해진다.

일본어는 JPT, 일본어 능력 시험(JLPT) 등을 준비하면 회화 실력도 같이 올라간다. 또한, 특별히 JPT 시험을 목표로 하지 않고, 회화 학원에 다니는 등 일반적인 방법으로 일본어 공부를 해도 시험 점수가 제법 잘 나온다. 왜냐하면, 어순이 같아서 문법, 어휘 실력이 향상되면 쉽게 문장을 만들 수 있기 때문이다. 외국어로 문장을 만들 정도면 이미 상당한 실력이 있다는 의미다.

회화가 최종 목표라 해도 어학 점수 따는 것을 등한시하지 말고 적극적으로 도전해보자. 일본어 실력 향상의 기회도 되지만 공인 점수가 있는 것은 여러모로 유리한 점이 많다. 영어의 TOEIC 점수와 비슷한 개념이 일본어에서는 JPT라고 보면 된다. 변별력이 있어서 기업 등에서 입사 시 선호하는 경향이 있다.

한마디로 공인 어학 점수 획득은 일본어 공부도 하고, 회화 실력도 늘리고, 공인 점수도 따는 일석 삼조의 좋은 기회다. 실제로 어학연수를 다녀와서 JPT 시험을 치면 따로 공부를 안 해도 점수가 굉장히 잘 나온다.

"일본어를 얼마나 잘하십니까? JPT 점수가 800이 넘는다고요? 일본어 능력 시험 1급이시라고요!"

이런 객관적으로 증명 가능한 사실도 중요하지만 난 아주 간단한 방법으로 그 사람의 일본어 실력을 테스트할 수 있다. 단, 장소는 일본이어야 한다. 한국에 일본어만 쓸 수 있는 가게가 있다면 그곳도 가능하겠다. 그리고 나와 함께 맥도날드나 모스버거 같은 패스트푸드점에 간다. 그러면 그 사람의 일본어 실력을 바로 알 수 있다. 바로 햄버거 주문을 시켜보는 것이다.

일본에 있으면서 일본어를 한마디라도 써 볼 수 있고 자신의 일본어 실력을 시험해 볼 수 있는 곳이 바로 일본의 식당이나 패스트 푸드점이다. 음식 주문이 쉬워 보인다고? 천만의 말씀. 제일 어려운 것이 음식 주문이라고 생각한다. 그래서 음식 주문을 청산유수로 한다면 그 사람은 일본어 실력자임이 틀림없다. 음식 주문 중에서도 패스트푸드가 좋다. 왜냐하면, 직원이 뭔가를 많이 물어보기 때문에 자연스럽게 조금은 긴 대화가 이어진다. 일반 식당에서는 음식 주문이 더 간단하다. '뭐 주세요'로 끝나버리니까.

어학연수 가서 5개월 정도 지나자 패스트푸드점에서도 어느 정도는 주문할 수 있게 되었다. 하루는 동네에 있는 모스버거에 햄버거를 먹으러 갔다. 저녁 식사로 집에서 먹으려고 세트가 아닌 햄버거 하나만 사기로 했다. 가게에 도착하자 마침 아주머니 한 분이 주문하고 있었다. 뒤에 줄 서서 열심히 메뉴판을 보며 복습을 한 뒤 드디어 주문 개시.

(손가락으로 위에 붙어 있는 햄버거 사진을 가리키며)
"저거 하나 주세요." (정말 간단하지 않은가, 하하하!)
"세트로 드릴까요?"
"어? 세트가 아니고⋯."

내 얼굴을 빤히 쳐다보는 점원의 무차별 의문투성이 눈길

을 피해 벽에 붙은 햄버거 사진을 유심히 보니 밑에 '單品
(단품)'이라는 글자가 쓰여 있었다. 그게 세트가 아니고 햄
버거 하나만이라는 의미인 것 같았다.

'아 그런데 저 한자를 어떻게 읽지?'라고 생각하며 당황
하고 있는데 점원이 "單品にしますか(단삥니 시마스까; 단
품으로 드릴까요)"라고 말하는 것이 아닌가. '아직도 패스트
푸드점에서 배워야 할 말이 많이 있구나'라고 생각하며 햄
버거를 사 들고 힘없이 가게에서 나왔다. 아직 하산하기는
멀었구나. 그래도 금방 만들어서 싸 온 모스 버거는 정말
맛있었다.

패스트푸드점에서의 대화는 비록 몇 마디 안 주고받지
만, 일본인과의 1:1 독대라는 점이 중요하다. 의외로 상당
히 긴장되고, 한마디라도 상대방의 말을 놓치거나 내 대답
이 허술해서는 안 된다. 더군다나 먹는 것과 관계된 일이
다. 절실하고 중요하다. 내게는 그랬다.

'마쓰야'라는 규동 가게는 '요시노야'와 더불어 규동 가
게의 대명사로 이곳의 김치 규동은 한국인에게 인기가 많
다. 옛날에는 규동 가게에 여자들이 가는 일이 없었다고

한다. 왜냐하면, 시간이 없을 때 남자들이 급하게 밥을 먹는 곳이라는 인식이 있어서다. 하지만 지금은 당연히 여자들도 많이 이용한다.

당시에 두 번 정도 가본 요시노야는 일반 식당처럼 점원이 주문을 받고 음식을 가져다준다. 다른 곳도 마찬가지라고 생각하고 하루는 마쓰야에 갔다. 그런데 벽에 메뉴판이 안 붙어 있었다. 모스 버거 사건 이후로 간이 배 밖에 나와 있었다. 더는 내 주문에 빈틈은 없다고 자부하고 있었다.

"메뉴 주세요." (이 정도야 우습지, 하하하. 자만 폭발!)
"손님 죄송합니다만, 자동판매기를 이용해 주십시오."
"아, 네…."

일본에는 소바(메밀국수) 가게도 자동판매기 시스템인데 마쓰야도 자동판매기에 돈을 넣고 원하는 메뉴를 선택해 표를 뽑은 뒤 점원에게 주는 시스템이었다. 표를 뽑아서 점원에게 주니 규동을 만들어 주었다. 점원이 규동을 주면서 씩 웃기에 같이 웃기는 했지만, 등에는 정말 식은땀이 흘렀다. 더 웃겼던 것은 열심히 규동을 먹는데 가게에 온 어떤 남자가 바로 내 옆에 앉아서는 나랑 똑같은 실수를 하는 것이 아닌가. 일본 사람 맞는지 상당히 의심스러웠다.

일본 패스트푸드점에서 자유자재로 주문할 수 있다면 당신은 진정한 일본어 실력자다.

# 일본어 사투리
# 이야기


1999년 눈 내리는 추운 지방을 배경으로 했음에도 한국을 뜨겁게 달군 일본 영화가 있었으니, 바로 이와이 순지 감독의《러브레터》다. 10년 만에 다시 본 영화는 전에 느끼지 못한 새로운 감동을 안겨주었다. 새롭게 알게 된 한 가지 사실은 영화에서 많이 쓰인 일본어가 표준어가 아닌 '오사카 사투리'였다는 점이다. 예전에는 일본어를 모르고 봤으니 전혀 신경 안 썼던 부분이다. 주인공 히로코는 표준말을 쓰다가도 당황하면 오사카 사투리를 쓴다.

《러브레터》외에도 많은 영화에서 오사카 사투리가 등장한다. 일본어 초급 시절, 유난히 영화 속의 일본어가 안 들린다고 이상하게 생각한 적이 있었는데 알고 보니 모두 사투리가 나오는 영화였다.

일본어 공부를 하면서 재미있는 점은 우리처럼 사투리가 있다는 사실이다. 어느 나라나 표준어가 있고 방언이 있지만, 일본은 그 유형이 우리와 비슷하다는 생각이 든다. 기숙사에서 같이 살았던 친구들은 당연한 이야기지만 모두 도쿄 출신이 아니었다. 처음 5개월간 같이 살았던 친구 두 명은 각각 홋카이도, 니가타 출신이었고 7개월 동안은 오사카, 나고야, 아키타 출신 일본인 친구 3명과 기숙사에서 함께 생활했다.

일본에 가서 4개월 정도 지났을 즈음에도, 같이 사는 일본인 친구들끼리의 대화를 거의 알아들을 수 없어 너무 답답했다. 나와 대화할 때도 한 친구는 천천히 이야기해 줘서 비교적 쉽게 알아들었지만, 또 다른 한 친구는 평상시 속도로 빨리 말을 하곤 해서 못 알아듣는 경우가 많았다.

지금 생각하면 두 친구 모두 나름대로 일본어 공부에 도움을 많이 준 것 같아 고맙다. 나의 수준 낮은 일본어 실력을 배려하며 천천히 말해준 친구는 그 사려 깊음이 고맙고 평상시 대화 속도로 말해준 친구는 빠른 말에 적응하는 훈련을 시켜줬기 때문이다. 나뿐 아니라 당시 같이 공부하던 한국인 친구도 아르바이트하는 가게의 일본인 친구들이 자기들끼리 대화하는 것을 좀처럼 알아듣기가 힘들다고 이야기하곤 해서 나만 이런 고민을 하는 것이 아니구나 하고 조금은 위안이 되었다.

일본 생활 7개월째에 새로 같이 살게 된 기숙사 친구 세 명은 첫 만남부터 내가 일본어를 조금 하니까 말을 많이 걸어왔다. 전에 있던 친구들보다 사교성도 좋은 편이라 대화할 기회도 많았다. 심지어 식탁에 둘러앉아서 4시간 정도 수다를 떤 적도 있다. 물론 대화 내용은 내 일본어 실력 탓에 그리 수준이 높지 않았겠지만.

이런 일들이 거듭되며 추억도 쌓이고 그러다가 어느 순간부터, 그렇게 들리지 않던 친구들의 말이 서서히 귀에 들어오기 시작했다. 또 얼마간의 시간이 흐르니 일본 친구들과 일상적인 대화를 나누는 데 큰 무리가 없을 정도로 일본어 실력이 발전해 있었다. 역시 언어는 귀가 먼저 열리고 입이 트이는 원리다. 가끔 모르는 말이 나오면 물어보면서 새로운 단어나 일상에서 자주 쓰는 표현도 많이 알게 되었다.

친구들도 나와 친해지면서 한국말에 관심이 커져서, 1학년 때 대학 수업의 제2외국어를 불어로 선택했었던 두 명이 2학년 때는 한국어 수업으로 바꿨다. 친구 중 한 명은 한국어를 꾸준히 공부해서 지금은 실력이 수준급이다.

전철에서 일본 사람들끼리 하는 이야기가 들릴 때, 아주머니가 길을 물었는데 바로 알아듣고 가르쳐 주었을 때, 가게에서 점원이 생각지도 못한 것을 물어봤을 때도 한 번에 알아들었을 때, '아, 내 일본어가 늘었구나!'라고 확실히 느꼈다. 일본 어학연수의 좋은 점은 자신의 실력에 대한 피드백과 검증이 거의 실시간으로 이루어진다는 점이다.

하루는 기숙사에 같이 사는 도쿠시마 출신 친구가 우리 방에 놀러 왔다. 도쿠시마는 오사카와 가깝지만 섬이라서 사투리가 유독 심하다. 오사카 출신과 도쿠시마 출신 일본 친구 둘이 거실에 앉아서 대화를 나누는데 정말 한마디도 알아들을 수 없었다. 한 마디도 못 알아듣겠다고 했더니 이제부터 오사카벤(오사카 사투리)을 가르쳐 줄 테니 배우라며 몇 마디 가르쳐 주었다.

오사카 사투리는 오사카 출신 연예인이 많아서 TV에서도 자주 들을 수 있다. 조혜련의 책에도 오사카 사투리에 관한 이야기가 나온다.

일본 연예인, 특히 개그맨 중에 오사카 출신이 아주 많은데, 이들 대부분이 오사카에 본사를 둔 '요시모토 흥업'이라는 프로덕션 소속이에요. 그렇다 보니 방송에서 오사카 사투리를 표준어만큼 자주 접하게 되지요. 오사카 사투리는 몇 개만 알아둬도 재미있고 친근감이 생겨서 좋아요. 게다가 이런 말들은 오사카 사투리긴 하지만 방송에서 표준말처럼 사용하기 때문에 도쿄에서도 다 통하니, 여러분도 익혀 두었다가 자신 있게 써보세요.

- 조혜련, 『박살 일본어』

즉, 알아두면 아주 유용하다. 우리도 외국인이 사투리를 쓰면 신기하고 한국말을 더 잘하게 느껴지듯이 일본어도 마찬가지 아닐까?

오사카 사투리 중에 혼마(ほんま)라는 말이 있다. '진짜?', '정말?'이라는 뜻이고 혼마니(ほんまに; 정말로?) 라고도 사용한다. '혼마'라는 말을 배운 김에 나도 한국어로는 '정말'이라 발음한다 했더니 다들 두 말이 비슷하다고 신기해한다. 그러고 보면 '정말', '혼마' 꽤 비슷하지 않은가? 일본어의 뿌리는 한국어였으니 이 외에도 비슷한 말이 많이 있을 것이다.

기숙사에 사는 한 미국 친구는 같은 방 일본 친구들이 사투리를 써서 평상시 쓰는 일본말이 사투리다. 처음 이야기를 나누는 일본 친구들은 깜짝 놀란다. 아마 '표준어 마스터하고 방언까지!'라고 생각했겠지. 우리가 사투리 쓰는 외국인을 보면 놀라는 것과 마찬가지이다.

우리네 방언과 마찬가지로 일본의 방언도 지방에 따라 단어 자체가 아예 틀린 경우도 많아 지방 친구가 도쿄 친구와 이야기를 나누다가 대화가 막히기도 한다.

오키나와와 도후쿠 지방 사투리는 심하기로 유명하다. 요즘은 TV에서 항상 표준말을 접하니 젊은 사람들은 금방 표준어를 익히지만, 나이 드신 분들은 어쩔 수 없는 것 같다.

일본의 《테레쿠라 TV》라는 인기 TV 프로에서 고향의 부모님이 멀리 사는 자식에게 영상 편지를 보내는 코너가 있는데(우리나라 모 방송에서 따라 하기도 했다) 촬영지가 대부분 지방이다 보니 전국의 다양한 사투리가 등장한다. 친구들과 같이 TV를 보면 이 친구들도 잘 못 알아듣고 서로 '저거 어느 지방 사투리냐'라고 물어본다. 급기야 엄청난 사투리는 자막이 뜬다.

그러고 보면 일본어는 한국어보다 사투리가 더 심하다는 생각도 든다. 일본이 한국보다 더 험한 산악 국가라서일까? 일본의 사투리까지 다 알아듣게 된다면 정말 대단한 일이겠지만 일본 사람들도 못 알아듣는 것을 보니 오사카 사투리 정도만 조금 익히고 일찌감치 포기하는 게 현명하다.

# 일본어로 반말하기


지구상에서 반말과 높임말이 있는 언어는 내가 알기에는 한국어와 일본어밖에 없다. 네팔어에도 존댓말이 있고 영어도 특별히 정중한 표현이 있다고는 하지만 한국어와 일본어만큼 발달하지는 않았다.

한국 사람은 나이가 어려도 처음 만나는 사람에게 일단 높임말을 쓰다가 차차 말을 낮춘다. 일본도 그런 점에서는 비슷한 것 같다. 한국에서 일본어를 배울 때 처음에는 반말이 아닌 높임말부터 배운다. 교재들도 대부분 높임말 위주다.

한국에서 일본어 학원에 다닐 때 '친구끼리 쓰는 말'이라고 해서 우리말의 반말에 해당하는 일본어를 배웠다.

높임말만 배우다가 공부하려니 쉽지 않았다. 한 달 정도 배웠는데 복습을 제대로 못 해서 대충 공부한 상태로 일본 어학연수를 갔다. 나중에 대충이나마 배우고 와서 다행이라 생각했다. 제일 대화를 많이 하는 상대가 기숙사의 일본인 친구들이었기 때문에 반말을 배운 것이 무척 유용했다.

일본에 도착한 첫날 기숙사에서 일본 친구들과 대면하게 되었다. 이제 갓 대학에 들어간 18살 미나미와 역시 같은 나이인 재수생 히로코는 처음부터 내게 가차 없이 반말이었다.

'어쭈, 내 나이의 위력을 모르는군' 내가 당시 28살이었으니 친구들과는 거의 열 살 차이였다. 학원에서 배운 반말을 유용하게 써가며 조금 대화를 나누던 중 내 나이를 슬쩍 이야기했다.

"그래? 나이보다 훨씬 어려 보인다!"

이것은 칭찬인가 욕인가. 내 나이를 이야기해도 전혀 동요가 없었다. 그래서 '아 일본 아이들은 나이 차가 있어도 친구면 다 반말을 하나 보다'라고 이해하게 되었다.

나중에 알게 된 사실이지만 일본의 반말은 우리네의 반말과 성격이 약간 다르다. '반말'을 한일사전에서 찾아보면 '높임말도 아니고 손아랫사람에게 쓰는 말도 아닌 중간적인 말'이라고 되어 있다. 정확한 표현인 듯하다.

그렇다고 해서 아무한테나 마구 반말을 해서도 안 된다. '반말'이라는 표현이 잘 안 맞을지 모르겠지만, 일단은 반말이라고 부르겠다. 일본어로는 '도모다찌 고또바(ともだち言葉; 친구 사이에 쓰는 말)'라고 한다. 위에서 언급했듯 나이는 상관없이 친구면 반말을 쓸 수 있는 것이 일본에서는 가장 상식적이다.

일본어 학교에 홍콩 친구들이 많이 다녔는데 문법이 많이 달라서인지 일본어 배우는 속도가 한국 친구들보다 대체로 떨어졌다. 특히 중국말에는 존댓말과 반말이 없어서인지 굉장히 헷갈려했다. 홍콩 친구들은 수업 중에 선생님에게 반말을 쓰는 경우가 많았다. 한국 사람인 우리가 들으면 신경 거슬릴 정도였다. 예를 들면 선생님이 하는 말에 대답할 때 '하이(예)'라고 하지 않고 '응(우리말의 '응'과 일본어는 발음이 같다)'이라고 하는 경우가 꽤 있었다.

홍콩 친구에게 너는 왜 선생님께 '응'이라고 반말을 하느냐 했더니 '응이 반말이야?'라고 되묻는 것이 아닌가. 일부러 반말을 쓰는 학생도 있었을지 모르지만 대부분은 자기네 말에 높임말이 없어서 구별을 잘 못 하는 것 같았다.

같은 기숙사에 사는 한국인 친구 말이, 룸메이트인 일본 아이들은 서로 깎듯이 존댓말을 쓰고 별로 친하게 지내지 않는다는 것이다. 비슷한 또래끼리 존댓말을 쓴다는 것은 그 사람들 사이에 벽이 있다는 의미다. 나의 룸메이트들은 처음부터 나와 친하게 지내고 싶어서 반말을 썼을지도 모른다 생각하니 기분이 좋아진다.

어느 날 룸메이트 중 한 명이 "최가 나이가 많은데 이렇게 반말을 막 써도 되는 건지 모르겠다"라는 말을 했다. 역시 조금은 신경이 쓰였던 모양이다.

일본인 친구들 말에 의하면 학교에서 선배들에게 반드시 존댓말을 쓴다고 한다. 물론 친해지면 약간 반말을 쓰기도 하지만 어떤 친구는 사회에 나가서 회사에 다닐 때보다 학교에서의 위계질서가 더 중요시된다고 말한다. 즉, 학교 선배들에게 절대 함부로 못 하는 분위기라는 것이다.

내가 아는 일본인은 회사에서 자기보다 5살 위인 사람에게 존댓말을 쓰지 않는다고 한다. 의아해서 일본어 학교 선생님에게 질문했더니 사이가 좋다면 직장에서도 나이 많은 사람에게 반말을 하는 일은 얼마든지 있을 수 있다고 하셨다.

한국 사람들은 존댓말에 신경을 많이 쓴다. 처음 보는 사이에 반말하면 상대방보다 내가 나이가 어리더라도 '나를 무시하나'라는 생각에 나쁜 인상을 받기도 한다. 미묘한 한국과 일본의 문화 차이 중 하나다.

학교 친구들과 가끔 가는 일식 레스토랑이 있었는데 비싼 곳은 아니지만, 점원들이 손님에게 예의 그렇듯 깍듯이 하는 곳이다. 그런데 다른 점원과 달리 30대의 여자 점원 한 명이 주문을 받을 때부터 시작해서 계속 반말을 사용해서 모두의 기분을 상하게 했다.

처음에는 친근감을 주려고, 우리가 외국인이니까 알아

듣기 쉽게 하려고 조금이라도 짧은 반말을 쓰나 보다 이해하려 했지만 다른 테이블의 일본 젊은이들에게는 깍듯이 높임말 쓰는 것을 보고 외국인이라고 무시하나 하는 생각이 들었다.

어떤 친구는 가게에 갔는데 가게 주인이 손님인 자기에게 반말을 해서 너무 기분이 나쁜 나머지 "존댓말 몰라요?"라고 쏘아붙이니까 그제야 높임말을 쓰더라는 이야기를 했다.

한 번은 은행에서 현금인출기를 쓰는데 입금하는 방법을 몰라서 옆에 있던 젊은 여성에게 물어보았다. 그런데 처음부터 끝까지 내게 반말을 쓰는 것이다. 가르쳐 준 것이 고마워서 아무 말도 못 했지만 왠지 기분이 나빴다. '아니 나를 언제 봤다고 반말을!' 한국에도 높임말이 있어서 우리가 굉장히 그 부분에 민감하다는 사실을 그들이 모른다는 생각도 든다.

아직도 일본의 반말에 대해서는 알다가도 모르겠다. 우리말과 비슷한 점도 있지만 미묘하게 다른 점들이 존재하기 때문이다. 방송에서도 20대 중반 정도의 일반인 출연

자가 사회자에게 반말하는 장면을 본 적이 있다.

우리나라에서는 있을 수 없는 일이기 때문에 참 이상하다는 느낌을 받았다. 일본의 반말은 우리와 조금은 다르다는 즉, 꼭 손아래로 보기 때문에 쓰는 말이 아니라는 것 정도는 알아 둬야 일본어와 일본인을 이해하는 도움이 될 것 같다.

# SALE

フラッグス
ウインターセール

TOWER RECORDS

OSHMAN'S

SHIPS

BEAUTY&YOUTH
UNITED ARROWS

Another
Edition

GIFTSLIVING

ELFORBR

CAMPER

BAREFOOT DREAMS

[hueptopia]

allureville

ajiness

NOJESS

AMERICAN RAG CIE

Flags

1月2日(土)
～
1月31日(日)

# 일본식 영어 발음은 어려워

한참 일본 출장을 다니던 시절, 일본 관련 일을 한다고 하면 사람들이 이렇게 말하곤 했다.

"우와, 일본어 정말 잘하시겠네요!"

당시에도 일상대화나 의사 표현에는 거의 문제가 없었지만, 외국어 공부라는 것이 끝이 없고 정말 잘하는 사람들과 비교하면 나의 실력은 평범했다. 이 생각은 지금도 변함이 없다. 계속 노력을 해야 하지만 회사에 다니면서 일부러 시간 내서 공부하기는 쉬운 일이 아니다.

그나마 당시에는 출장 가서 일본 TV를 보거나 일본 친구들, 일본 동료와 대화라도 나누니 저절로 조금씩 공부가 되기도 했다. 하지만 일본어 실력을 비약적으로 향상시키려면 이 정도 노력으로는 별 효과가 없다. 본인이 아는 말만 반복해서 사용하기 때문이다.

일본어로 업무를 해보니 내가 맡은 일이 영업도 아니었고(사실 영업 하는 사람들도 극존칭 같은 건 잘 안 쓰는 듯했다) 처음 걱정했던 것만큼 고급 일본어가 필요한 것도 아니어서 일상대화가 가능하면 얼마든지 업무 수행도 가능했다.

업무에 많이 쓰는 용어야 시간이 지나면서 익숙해지니 별로 문제가 될 것이 없었다. 업무를 할 때 가끔 커뮤니케이션에 문제가 생기는 경우는 있었는데 바로 일본식 영어 발음의 생소함 때문인 경우가 많았다.

일본 사무실에 출근한 첫날, 회의에 참석했다. 간단히 내 소개도 하고 인사도 나누었다. 그리고 잠시 후 팀원들이 업무에 관한 이야기를 주고받는 것을 듣고 있었는데 대화 도중에 자꾸 '눌'이라는 말이 나왔다.

'눌'이면 이렇고 '눌'이 아니면 이런 거냐, 어떤 것이 정확한 것이냐 등등. 나중에 회의에 함께 참석한 한국인 동료에게 아까 업무 회의 중에 나온 '눌'이 도대체 무슨 뜻이냐고 했더니 바로 "Null"(널)이라는 것이다. 프로그램에서 값이 Null이냐 아니냐, 뭐 그런 이야기였다. 어떻게 'Null'을 '눌'로 읽을 수 있느냐고 따져도 소용이 없다. 그렇게 정해져 있으니까.

한 번은 다른 파트의 업무가 많아서 도와준 일이 있었다. 설계서대로 프로그램을 작성해서 설계담당자에게 완료되었다고 했더니 실행 파일(EXE 파일)을 만들어서 서버에 올려 달라고 메신저로 요청이 왔다. 프로그램 테스트를 하려면 실행 파일로 해야 하기에 만들어서 서버에 올린 뒤 메신저로 알려주기가 좀 뭐해서 (우리 파트의 리더고 나이도 많았다) 담당자의 자리에 직접 갔다.

나 : EXEをサ-バに入れて置きました(에끄스이(EXE)오 사바니 이레떼 오끼마시다)。

실행 파일을 서버에 넣었습니다.

담당자 : 何をサ-バに入れてますか(나니오 사바니 이레떼 마스까)。

뭘 서버에 올렸다고요?

나 : え?さっき話したファイル(에? 사끼 하나시따 화이 르)…

아, 좀전에 말씀하신 파일을…. (5초 정도의 침묵이 흐르고…)

담당자 : あ、EXEファイル!はい、わかりました(아, 에그제 화이르! 하이, 와까리마시다)。

아, 실행 파일이요! 예, 알겠습니다.

나 : はい、そうです、EXEファイルです(하이, 소데스, 에그제 화이르데스)！

예, 맞아요. 실행 파일이요!


내가 실행 파일을 의미하는 'EXE'를 말할 때 영어를 나름 일본식으로 발음해서 '에끄스이 화이르'라고 발음했는데 일본에서는 '에그제 화이르'라고 해야 말이 통한다. 일본어의 외래어 발음은 한자 못지않은 의외의 복병이다. 규칙이 전혀 없는 것은 아니지만 결론적으로 다 외워야 한다.

일어에는 외국어를 자기말로 만들어버리는, 다른 나라에는 없는 아주 독특한 문자가 존재한다. '가타카나'다. 그러니까 가타카나로 표기된 외국어는 더 이상 외국어가 아니다. 우리가 일본식 영어를 희화화 할 때 가장 많이 예를 드는 '마쿠도나루도'는 영어가 아니다. 그래서 하나도 웃기는 게 아니다.

- 김정운, 『일본 열광』

'마쿠도나루도'는 바로 '맥도날드'의 일본식 발음이다. 보통 가장 충격적인 일본식 외래어의 대명사처럼 쓰인다. 마쿠도나루도에서 맥도날드가 전혀 유추가 안 되기 때문이다.

모든 외국어는 가타카나로 표현되는 순간 일본어가 되어버린다. 새로운 단어 외우듯 외우는 것이 마음 편하다. 괜히 영어를 마음대로 일본어로 변형시켜보다가는 실수할 확률이 높다.

일본에 있으면 외래어 관련 실수를 가끔 하게 되는데 다 배우는 과정이라고 생각해야 한다. 미리 하나하나 다 공부할 수도 없으니 다양한 일본 관련 콘텐츠를 접하면서 마음 편하게 하나씩 익혀나가자.

내가 했던 실수도 지금 생각하면 웃음만 나온다. 하지만 이런 실수와 경험을 통해서라도 새로운 일본어를 알아나가는 것이 무척 즐거웠다.

# 일본어, 역시 실전이다!


일본어와 관련된 에피소드가 많지만, 그중 가장 기억에 남는 사건(?)이 있다.

일본에 간 지 5개월째였던 2001년 2월의 도쿄. 일본의 겨울은 유난히 춥게 느껴졌다. 내 마음이 추운 것일까. 영하로 안 내려가는 날씨지만 이상하리만큼 춥게 느껴졌다.

일본어에 자신이 없어서 기분이 가라앉아 있었는지도 모른다. 어느 정도 의사소통은 되지만 갈 길이 멀다는 생각뿐이었다. 심지어 일본어와 관련된 실수를 해 한동안 마음고생을 했다. 실수를 통해서 배운다지만 지금 생각해도 내가 왜 그랬을까 하는 생각뿐이다.

하루는 혼자 신오쿠보에 있는 회전초밥집에 갔다. 내가 간 초밥집은 체인점이 많고 가격도 싼 '헤이로쿠스시'라는 회전 초밥집으로 친구들과 부담 없이 가곤 했다. 한 접시에 100엔이어서 6접시 정도 먹으면 소비세를 추가해도 630엔 정도에 맛있는 초밥을 배불리 즐길 수 있었다.

공장의 컨베이어 벨트에서 아이디어를 얻어 만들어졌다는 회전 초밥. 돌아가고 있는 초밥 중에 원하는 것이 없으면 '무슨 초밥 주세요'라고 주문하는데 일본어로 '~ください(구다사이)'라고 하면 된다. 그런데 그날 옆에 앉아 있던 젊은 아저씨가 초밥 만드는 주방장에게 '~ちょうだい(죠다이)'라고 말하는 게 아닌가.

당시 학교에서 높임말과 겸양어에 대해 배우고 있었는데 죠다이가 겸사말이라는 것이 생각났다. '아, 죠다이란 말이 상대에 대한 극존칭이겠구나'라고 생각하고 다음에 회전 초밥집 가면 꼭 써봐야지 마음먹었다. 역시 외국어는 실제로 써야 머리에 쏙쏙 잘 들어온다.

일주일 후 학교 수업이 끝나고 친구들과 회전 초밥집에 갔다. 항상 가던 신오쿠보의 초밥집이 아니라 학교 근처 회전 초밥집에 갔는데 그곳은 초밥을 주문하면 바로 만들어 주는 곳이었다. 초밥을 미리 만들어 두고 어느 정도 시간이 지나서도 팔리지 않으면 버리기 때문에 낭비가 많다고 한다.

네 명이 함께 갔는데 붙어있는 자리가 없어서 두 명씩 떨어져서 앉았다. 초밥의 이름을 잘 몰라서 옆의 친구에게 물어보며 시켰다. 드디어 실전의 시간. '죠다이~'를 연발하며 신나게 시켜 먹다가 마침 자리가 비어서 네 명이 나란히 앉았다. 내가 '우나기 죠다이(장어 주세요)~' 했더니 아까 떨어져 앉았다가 옆에 앉은 친구의 얼굴색이 변했다.

"야 너 야쿠자냐? 죠다이는 '좀 줘', '줄래'라는 뜻이란 말이야!"

엥? 이게 무슨 소리야. 그러고 보니까 나에게 초밥을 주는 아저씨의 표정이 별로 좋아 보이지 않다. 약간 찌푸린 얼굴?

"정말이야?"

그럼 신오쿠보에서 내 옆자리에 앉았던 아저씨는 야쿠자
라도 된단 말인가? 그때부터 초밥을 먹는 둥 마는 둥 하고
빨리 이 자리를 떠야지 하는 생각밖에 안 들었다. 미안한
마음과 실수를 했다는 창피함. 각자 계산을 하고 회전초밥
집 앞에 모였는데 나에게 비난의 물결이 쏟아졌다.

"야, 그거 사전에도 나와 있어."
"난 정말 깜짝 놀랐다."

멋쩍어하며 가게 안을 보다가 주방장 아저씨랑 눈이 마주
쳤다. 윽!

집에 오자마자 사전을 찾아보았다. 죠다이의 첫 번째
뜻은 남이, 특히 윗사람이 주는 것을 받음의 겸사말이다.
물건을 살 때 손님이 돈을 내면 점원이 '죠다이 이따시마스
(받았습니다)'라고 말한다. 두 번째 뜻이 바로 문제의 그 뜻
인데 '달라고 재촉하는 말. 주십시오, 주세요' 라고 되어 있

다. 사전의 뜻대로라면 완전히 반말도 아니고 문제가 없을 것 같은데….

다음날 학교에 갔더니 너 야쿠자냐며 나를 맹렬히 비난했던 친구가 친절히 부연설명을 해준다. (이 친구는 부인이 일본 사람이다)

"내가 어제 집사람한테 물어봤는데 '죠다이'가 줘, 줄래 정도의 말은 아니지만, 윗사람이 아랫사람에게나 만만한 사이에 쓰는 말이래. 그리고 여자들은 잘 안 쓴대."

그 후에 죠다이라는 말만 들어도 쓴웃음이 나왔다. 기숙사 근처에 있는 사찰에서 꽃 파는 아르바이트 할 때, 나이 많은 할머니와 중년 아저씨가 '죠다이'를 쓰는 것이 들렸다.

TV 방송을 보면 부부 사이나 초등학교 아이들이 자기들끼리 쓰는 모습도 보였다. 어학 공부를 하다 보면 사전에 나온 내용과 실제로 쓰이는 말이 다른 경우가 많다. 블로그에 이 내용을 올리자 일본인 블로그 친구가 댓글을 달아줬다.

일본 사람인 저한테는 죠다이라는 말이 그렇게 나쁜 말이 아니지만, 오히려 저희 남편(한국 사람)이 예전에 음식 가게에서 아르바이트했을 때 일본 여자가 죠다이, 죠다이 하면 왠지 싸가지 없게(죄송합니다!) 보인다고 했었어요. 한국 분들이 오히려 반말에 대해서 엄격하셔서 그렇게 느껴지는 것인지….

한 나라말의 오묘한 어감 차이는 그 나라에 오래 살면서 경험을 통해 몸으로 느낄 수 있는 영역인 듯하다. 실수를 통해서 좋은 공부를 했다는 생각도 들지만 지금 생각해도 등에 식은땀이 난다.

# 회사 다니면서 일본어 공부하기


일본에 가기 7개월 전에 회사를 그만뒀다. 솔직히 한 달 월급이 아쉬운 형편이었지만 회사에 다니면서 일본어를 공부하기가 어려웠다. 아무리 생각해도 일본에 가기 전에 일본어 실력을 높여두는 것이 효율성 면에서 좋을 것 같았다.

일본에 가보니 역시나 한국에서 일본어를 열심히 공부하고 온 사람들은 여유가 있었다. 나 같이 대충 공부해서 초보 딱지만 겨우 뗀 사람들은 1년 동안 정신없이 달려야 한다. 한정된 자원, 그러니까 돈과 시간 때문에 여행 한 번 제대로 못 갔지만, 하고 싶은 공부를 하고 24시간이 내 것이라는 만족감에 너무도 즐거운 나날을 보냈다. 회사 생활을 몇 년 해서 일하느라 고생했다면 자신에게 한 번쯤 이런 상을 주는 것도 좋지 않을까.

물론, 어학연수가 아니어도 길은 있다. 한국에서 공부하면 된다. 회사 일이 너무 바쁘면 다른 일에 신경 쓰기도 어렵다. 회사 일에 조금 여유가 생긴다면 일본어 공부를 시작해보자. 첫 시작으로 일본어 학원 다닐 것을 추천한다. 혼자 하다 보면 작심삼일이 되기 일쑤다.

학원에 다니면서 하루에 몇 시간이나 일주일에 몇 시간은 반드시 일본어 공부를 한다고 정해서 규칙적이고 절대적인 일본어 공부 시간을 확보해야 한다. 일주일에 학원 가는 시간 외에 적어도 10시간 이상 투자해야 눈에 띄는 실력 향상을 기대할 수 있다. 다시 한번 말하지만 빨리 배우고 쉽게 익히는 길은 아쉽게도 없다. 시간을 투자하자. 그리고 즐겁게 공부하자.

일본어 공부를 시작했는데 회사 업무에 일본어를 사용하는가? 그렇다면 회사에 일본어 공부한다고 '선전' 하고 다녀라. 일본어 공부를 시작했다는 사실 하나만으로도 사람들은 당신을 다르게 볼 것이다. 부지런하고 도전적이라 생각하게 될 것이다. 나도 첫 직장에 다닐 때 일본 관련 부서에 가고 싶었다. 정말 어떤 부서에 가고 싶다면 윗사람이나 동료들에게 확실하게 이야기하는 편이 좋다. 부서를 옮기고 싶다는 마음을 일본어 학원에 다니는 행동으로 표현했지만, 기회는 쉽게 오지 않았다. 해당 부서에 보내주세요라고 이야기하는 등 더 적극적으로 행동해야 한다.

언어는 단시간에 집중적으로 하는 것이 여러 가지 면에서 유리하다. 회사 다니면서 많은 시간을 투자하기는 어렵게 느껴질 것이다. 하지만 시간이 없다는 핑계는 대지 말자. 시간은 참 신기해서 만들려는 의지만 있으면 얼마든지 생긴다. 친구 만날 거 다 만나고, TV 드라마 다 챙겨보면서 시간이 없다고 말하고 있지 않은가? 뚜렷한 목표와 강철 같은 의지가 있다면 일본어 공부할 시간 정도는 얼마든지 확보할 수 있다. 일본어 공부를 시작할 때는 명심하자. 먼저 확실한 시간 투자 계획을 세우기 전에는 시작하지도 말자. 시간 투자 계획 없이 공부부터 시작하면 금방 포기하게 된다. 역시 쉬운 일은 없다.

Part 5

일본어로 내 인생·커리어
업그레이드

# 지금 하는 일이 일본어와 전혀 관련이 없는데 배워둬야 할까?

지금 하는 일이 일본어와 전혀 관련이 없고 앞으로 회사에서 일본어를 사용할 일도 없어 보인다. 그래도 일본어를 공부해야 할까? 업무상 일본어를 당장 사용하지 않아도 일본어 공부가 재미있고 흥미를 느낀다면 시작해보자.

꼭 일에만 일본어를 사용하란 법은 없다. 일본어를 배워서 좋은 점들은 앞에서도 많이 언급했다. 당장 회사 일과 상관이 없더라도 내가 일본어를 공부하겠다는 구체적인 목표를 세웠다면 꾸준히 밀고 나가보자. 언제 나에게 도움이 될지 모른다. 그리고 한 번 공부하면 평생 가지고 간다.

결국, 개인의 선택이다. 재미를 느낀다면 공부하면서 후회하지 않을 것이다. 그리고 기회는 언제 어떻게 찾아올지 모른다. 즐겁게 공부해서 실력을 쌓아두면 언젠가 일에도 사용하게 될 것이다.

우리는 평생 몇 개의 직업을 가지게 될까? 미래에는 한 사람이 평균 6개의 직업을 가지게 될 것이라는 미래 학자의 주장도 있다. 평균 수명도 길어지고 새로운 직업도 많이 등장했다. 일본어 같은 특기가 있다면 더욱 다양한 직업 선택이 가능하고 새로운 일에 대한 기회도 많아질 것이다.

외국 출장 기회나 해외 지사 파견 같은 경우 당연히 현지 언어가 능통한 사람이 유리하다. 전에 다니던 직장에는 일본 해외지사가 있었는데 선망의 대상이었다. 출장은 처음 몇 번은 재미있을지 모르지만, 횟수가 많아지고 체류기간이 길어지면 각종 부작용이 발생한다. 특히 가족과 떨어져 지내는 일은 가장 견디기 힘들다. 또 두 나라를 오가다 보니 자기계발을 위해 학원에 다닌다든가 운동을 한다든가 하는 일상의 리듬이 여지없이 무너지고 만다.

일본이 가깝다 해도 이동에 걸리는 시간이 만만치 않아 체력적으로도 힘들다. 그래서인지 일본 지사에 가고 싶어 하는 사람이 많았다. 특히 아이들이 취학할 나이가 되면 다들 은근히 기회를 엿보는 듯했다. 자연스러운 2개 국어 구사 기회를 자식에게 주고 싶은 마음은 부모라면 누구나 가지고 있을 것이다.

하지만 자리는 한정되어 있고 한 번 일본 지사로 나간 사람들은 안 들어오려고 버티는 분위기였다. 사람들은 하염없이 순서를 기다리거나, 상사에게 부탁하기도 하고, 그러다가 지쳐서 아예 일본 현지의 다른 회사로 옮겨가기도 했다.

이왕 일본어를 공부하기로 했다면 즐겁게 해야 오랫동안 꾸준히 할 수 있다. 자신에게 맞는 방법을 찾아서 즐겁게 공부해보자. 공부 방법은 사람마다 성향과 취향이 달라서 획일화하기 어렵지만 몇 가지 예는 들 수 있다.

초보일 때는 문법을 확실하게 마스터 하는 것이 가장 중요하고 중급 정도 가면 일본 드라마를 활용한 공부로 실력을 급신장시켜보자. 10년 전만 해도 '드라마로 배우는 일본어'라는 콘셉트의 책이 없었는데 요즘은 다양하게 잘 나와 있다. 나도 드라마 보면서 일본어가 많이 늘었다.

드라마로 일본어를 공부하면 좋은 점이 많다. 내용이 재미있어서 즐겁게 볼 수 있다. 그리고 드라마에는 반말이 아주 많이 나온다. 우리가 처음 일본어를 공부하면 존댓말부터 배우고 나중에 친구들끼리 쓰는 '도모다찌 고또바(ともだち言葉; 친구 사이에 쓰는 말)를 배우는데 꽤 중요하다. 이걸 알아야 일본 친구들과 자연스러운 대화를 할 수 있다.

또한, 드라마에는 최신 유행어나 표현 등이 속속 등장한다. 실전 일본어를 공부하는데 드라마가 좋은 교재가 되는 것은 확실하다.

어느 정도 일본어 실력이 되어도 꾸준히 듣고 말하지 않으면 감이 떨어진다. 이럴 때 일본 드라마를 보면서 잘 들리지 않는 단어도 공부하고 일본의 최신 유행어가 무엇인지, 일본 사회의 이슈는 무엇인지 살펴본다면 일본어에 대한 좋은 감을 유지할 수 있다.

언어도 살아있는 생물과 같아서 세월의 흐름에 조금씩

변하지만, 근본부터 바뀌거나 하는 큰 변화는 없다. 신조어나 유행하는 말 등을 조금씩 업그레이드해 주면 된다.

한 번 공부하면 평생 써먹는 일본어. 유지보수가 이렇게 쉬운 분야가 또 있을까? 다른 공부에 비해 확연히 유지보수 하는 품이 적게 든다.

꾸준한 공부만이 고급 일본어로 가는 지름길이다. 하루 한 걸음, 아니 반걸음이라도 앞으로 나아가자. 언젠가 일본어의 달인이 된 자신을 발견할 수 있을 것이다.

# 어학 공부에 나이는
# 전혀 문제가 되지 않는다

한국 지질학의 선구자 이상만 명예교수는 1926년생이다. 가수 이문세의 장인이자 무용가 육완순의 남편으로도 유명하다. 하지만 정말 대단한 건 이분의 열정이다. 여든 살쯤에 중국 여행을 위해 중국어를 배웠다고 한다.

> 여든 살쯤부터 배웠지요. 중국 장가계(張家界)에 다녀온 뒤로 중국 자연에 푹 빠졌는데, 가이드 따라다니는 여행과 답사가 답답해서 배웠어요. 하이난도(海南島) 사범대에 화산학회 초청을 받아 갔다가 그곳 어학연수원에서 배우기 시작했어요. — ≪조선일보≫ 2012.08.11

배움에 나이가 있을 수 없다. 그리고 다양한 쓰임새와 효율성을 생각하면 어학 공부만 한 것이 없다. 이상만 교수 말대로 모든 것은 '생각하기에 달린 것'이다.

어떤 분은 젊었을 때 일본어를 공부했는데 머리에 하나도 안 들어오더니 45살이 되어 공부하니까 쏙쏙 잘 들어와서 공부가 너무 재미있다고 말한다. 최근에는 나이가 들면 더욱더 현명해진다는 연구 결과도 속속 나오고 있다.

이시형 박사도 책『공부하는 독종이 살아남는다』에서 나이가 들수록 머리가 굳는 것이 아니라 오히려 좋아질 수 있고, 나이 든 후의 공부가 어렸을 때보다 더 효율적이라고 말한다.

EBS 일요초청특강에서 하버드대 캐서린 스노 교수가 '영어교육, 고정관념을 버려라'라는 강연을 했다. 외국어 학습에 있어서 아이들이 어른보다 학습속도가 빠르다는 것은 우리가 일반적으로 가지고 있는 고정관념일 뿐 언어를 배우는 데 있어 나이의 중요성은 매우 낮은 수준이며 그보다는 외국어에 노출된 정도와 외국어를 학습하고자 하는 동기유발이 훨씬 큰 중요성을 지닌다고 말했다.

또한, 제 1국어의 완벽한 습득 후에 제 2국어를 학습하는 것이, 제 2국어를 빠르게 습득하는데 그렇지 않은 경우보다 훨씬 도움이 된다고 한다. 하나의 언어에 대한 지식, 기술, 이해는 또 다른 언어를 대하고 배우는 데 있어서 큰 도움이 된다는 것이다. 언어를 배우는 데 있어서 우리가 일반적으로 생각하고 있는 나이의 중요성은 매우 낮은 수준으로 나타나고 있으며, 그보다는 외국어에의 '노출' 정도와 그 외국어를 학습하고자 하는 '동기'의 소유 여부가 훨씬 큰 중요성을 지닌다고 한다.

- 김태형, 『어학연수 꼭 성공하기』

한 살이라도 젊을 때 일본어를 공부해두면 좋겠지만 지금 나이가 30대든 40대든 전혀 공부를 시작하는데 문제가 되지 않는다. 오히려 나이가 들어서 일본어를 공부하면 그동안 쌓아둔 지식이 바탕이 되어 보다 효율적이고 빠르게 습득할 수 있다.

내가 일본 어학연수를 갔을 때가 28살이었다. 솔직히 당시에는 나이 들어서 어학연수 간다고 조금 창피하게 생각했다. 그런데 막상 가보니 대입을 목표로 온 19, 20살 동생들을 제외하면 모두 내 또래거나 나보다 나이가 많았다. 대부분 직장을 다니다가 늦바람이 불어서 온 사람들이었다. 신선하고 행복한 늦바람이다.

내가 결코 늦은 것이 아니라는 생각에 안도했던 기억이 새롭다. 내 나이 40대 중반이 다되어 생각해보니 늦기는커녕 그때가 무려 20대였지 않은가? 당시에는 왜 그리 매사에 조급해했는지!

주변의 젊은 친구들이 '즐거운 일이 없어요', '하고 싶은 일이 없어요'라고 말하는 것을 들으면 답답하고 안타깝다. 젊음이 있고 시간이 있는데 뭘 망설이나? 이 세상은 재미있는 일로 가득 차 있다. 너무 일상에 찌들어서일지도 모른다. 일상에 찌든다는 말처럼 무서운 말이 또 있을까?

20대 후반, 오랜 망설임 끝에 갔던 어학연수는 10년이 지난 지금도 내 인생을 즐겁게 흔들고 있다.

# 일본 전문가에 도전해보자

"너는 솜씨가 좋지는 않지만, 나랑 똑같이 다른 무엇보다 장어를 좋아한다. 너와 같은 놈이 장어가게를 해줬으면 한다. 네 가게를 갖게 해 주고 싶어. 청소도 수리도 장 보는 것도 계산하는 것도, 네가 언젠가 가게를 갖는다면 혼자서 하지 않으면 안 돼. 타쿠미는 요릿집 아들이다. 집에 돌아가면 배울 기회가 있지만, 너한테는 여기밖에 없어."

"오야카타!"

(오야카타[おや-かた, 親方] : 우두머리, 주인이라는 뜻. 위의 대사에서는 '주방의 대장'이라는 뜻이다)

우나기야(장어집)에서 5년째 일하고 있는 유타는 장어

가게 일은 시키지 않고 화장실 청소에 쓰레기통 고치기, 카운터 보기, 시장 보기 같은 잡다한 일만 시키는 주인아저씨 우나카츠가 너무나 못마땅하다. 장어에 꼬치를 끼우는 일도 항상 다시 하라는 호통만 듣고 도대체 끝이 보이지 않는 수습 생활이 힘들기만 하다.

후임자가 들어와서 편해지나 했더니 타쿠미라는 친구에게 주인아저씨는 쉬운 일만 시킨다. 타쿠미는 요릿집 아들이다. 손재주가 좋아 주인아저씨의 칭찬도 자주 듣는다. 이러다가 후배보다도 더 늦어질 것만 같다. 끝내 불만은 폭발하고 먹고 자던 가게에서 나와 거리를 방황한다.

하지만 사실 주인아저씨는 유타를 마음에 들어 하고 있었다. 험상궂은 외모에 속에 있는 말을 잘하지 못해서 유타는 주인아저씨의 마음을 알아차리기 어려웠다.

상점가 사람들은 이 둘을 보고 안타까운 마음을 금치 못한다. 화과자점 '만게츠도'의 오야가타인 타케조는 우나카츠에게 이렇게 말한다.


"말로 안 하면 전해지지 않는 게 있어."

유타도 화과자 장인이 되기 위해 열심히 노력하는 안도 나츠를 보고 크게 깨닫는다.

"어려운 기술도 필요 없어. 하나라도 쓸데없는 일은 없어. 여기서 매일 하는 일에 적당히 해서 괜찮은 일은 하나도 없어. 그게 장인의 일인지도 몰라."

결국 유타는 다시 우나기야를 찾아가 우나카츠 상에게 잘못을 빌고, 주인아저씨는 유타에게 주려고 미리 주문해둔 장어 자르는 칼을 선물로 주며 다시 시작하자고 말한다.

일본 드라마 《안도 나츠》는 아사쿠사의 상점가를 배경으로 주인공인 안도 나츠가 화과자 장인이 되기 위해 노력하는 모습과 주변 사람들의 잔잔한 이야기가 펼쳐지는 수작이다. 일본의 장인 정신에 관심이 많아서 봤는데 재미와 감동을 함께 전해 주는 좋은 드라마로 기억된다.

일본의 힘 중 으뜸은 이런 장인정신을 높이 평가하고 실제로 이런 가치 추구를 일상화하고 있는 점이다. 홍하상의 책『신용』은 백 년 이상 된 긴자 최고의 업소들을 소개하고 있다. 백 년 정도는 짧은 편에 속한다.

장어요릿집 '치쿠요테이'. 처음 6개월은 허드렛일을 하고 장어를 꼬치에 꿰어 모양새를 제대로 내기까지는 3년이 걸린다.《안도 나츠》에도 이런 대사가 나온다.

"꼬치 끼우는 데 3년, 자르는 데 8년, 굽는 데는 평생."

드라마 대사라 정말일까 했는데 '치쿠요테이'를 보니 진짜였다. 위에 소개한《안도 나츠》의 장면은 바로 3년간의 꼬치 끼우기가 끝나고 드디어 장어 뼈 발라내는 일을 하게 되는 시점에서 발생한 에피소드다.

장어 한 꼬치를 굽는 데 걸리는 시간은 평균 25분이다. 치쿠요테이같은 시니세(노포 : 오랜 전통을 가진 기업이나 상점)는 이런 일을 130년 동안 해오고 있다. 한 가지 일에 이렇게 집중하니 누군가가 따라오기는 쉽지 않을 것이다. 이런 점이 일본의 재미있기도 하고 대단하기도 한 모습이다.

이름이 알려지지 않은 일본 마니아 가운데에는 내가 신문에 글을 쓰기 두려울 정도로 일본에 대한 지식의 폭이 두텁고 깊이가 깊은 사람들이 많다. 그들에게 직·간접적으로 지금도 많은 것을 배우고 있다.

- 선우정, 『일본 일본인 일본의 힘』

이것저것 기웃거리지 않고 한 우물만 파는 자세이다. 공무원이든 민간 기술자든, 상당한 수준의 프로로 보아도 과히 틀리지 않는다. 이러한 전통이 일본을 발전시켜 온 원동력이라 하겠다. 그들에게 대강 주의는 통하지 않는다. 그들은 뭐든지 손댔다 하면 끝까지 섬세하고 완벽하게 해낸다.

- 서현섭, 『지금도 일본은 있다』

일본은 아직 우리가 배울 점이 많으며 일본의 상도도 그중 하나다. 일본의 특정 분야에 대해 많은 자료를 분석하고 실제 경험을 쌓아 국내용 콘텐츠로 만드는 일은 아직은 블루오션이다. 일본어를 잘 안다면 당연히 더 쉽게 이런 일을 할 수 있을 것이다.

2012년 9월 13일 자 ≪조선일보≫ 사설에 의하면 신임 일본대사관 공보문화원장은 전임자보다 훨씬 격이 올라갔는데 한국에서는 이와 정반대 현상이 나타나고 있다고 한다.

도쿄의 주일(駐日) 한국 대사관에 세 명의 외교관이 부임했는데 이 중에서 일본어 연수를 하고 일본에 근무했던 '일본통通' 외교관은 단 한 명뿐이고 다른 한 명은 외교부에 들어온 지 약 2년밖에 되지 않은 신참 외교관이다.

또 다른 한 명은 일본어 능력이 제대로 검증되지 않았다고 한다. 반대로 주중(駐中) 한국대사관에는 지원자가 몰린다고 한다. 일본은 아직 우리가 무시할 수 있는 대상이 아니다. 이 사설에서도 이러한 일본 경시 풍조에 대해 우려를 나타내고 있다.

대한민국이 다른 대륙으로 이전하지 않는 한 일본과 영원히 마주 보며 살아야 한다. 여전히 세계 최고 수준의 민간 경쟁력을 가진 일본을 제대로 아는 사람이 줄어든다면 결코 일본을 이길 수 없을 것이다.

한국의 일본 경시는 어제오늘의 일이 아니다. 서현섭의 『지금도 일본은 있다』를 보면 그 역사가 참 길다. 우리는 아직도 19세기 중엽 이전, 조선이 일본을 가르친 시대에 머물러 있는지도 모른다. 하지만 지금의 일본은 우리가 분명 따라잡아야 하는 상대이며 배워야 할 점도 많은 대상이다. 이런 자만과 자신이 어디에 기인한 것인지 의문이 든다. 그들은 아직도 우리를 연구하고 최고의 인재를 한국에 파견하는데 우리는 정반대의 길을 가고 있다.

하지만 이런 현상이 도리어 일본을 더 알고 공부하고자 하는 사람들에게는 기회라고 생각된다. 일본에 관심이 있다면 일본어에만 머무르지 말고 일본 전문가가 되어보자. 그래야 그들이 잘못한 것에 대해 논리적이고 현명하게 대처하고 비판하는 것이 가능해진다.

그리고 일본에게 배운 것은 철저히 우리 것으로 내면화시키자. 일본이 근대화에 빨리 성공한 것도 좋은 것을 빨리 자기 것으로 취했기에 가능했다. 일찍이 다산 정약용은 일본의 학습 태도와 관련하여 다음과 같이 한탄하였다.

일본은 원래 백제로부터 서적을 처음으로 얻어서 읽은 몽매한 나라였지만 중국과 직통한 후로는 쓸만한 서적을 모조리 구입하고, 또한 그 학문이 과거시험을 위한 것이 아니기 때문에 이미 우리나라를 능가하고 있으니 부끄러운 일이다.

- 서현섭, 『지금도 일본은 있다』

이 책에서 저자는 조선 연구에 적극적이었던 일본에 비해 조선은 초량, 왜관 같은 기관을 일본에 설치하기는커녕 일본과 일본인 연구에 열심을 보이지 않았으며 오히려 주자학적인 관점에서 일본을 보고 이해하며 일본의 야만적 상태에 눈살을 찌푸리고 배울 것이 없는 나라라고 간단히 단정 짓고 말았다고 한탄한다. 130년이 지난 지금도 그때와 별반 달라진 것이 없다는 사실이 아쉽다.

우리는 아직도 '일본은 없다', '일본이 추락하고 있다', '일본은 경쟁력이 없다'라는 말을 하며 자기 위안으로 삼고 있다. 일본에 관심이 있다면 일본 전문가에 도전해보자. 내가 생각하기에 이 분야는 전망이 밝다. 그리고 아직도 미개척 영역이다.

# 일본어로 일본을 논할 정도면
## 좋겠다


좋습니다. 단 한 번만이라도 좋습니다. 내가 쓴 책을 일본 사람들이 전차 안에서 읽고 있는 모습을 볼 수 있다면 내 평생의 소원 하나가 풀리는 것입니다.

이어령 선생의 『축소지향의 일본인』이 원래 일본 출판을 목표로 처음부터 일본어로 쓰였다는 사실을 얼마 전에야 알고 놀라움을 금치 못했다.

읽고 또 읽었다. 반년 만에 1천 매가 넘는 원고를 그것도 서툰 일본어로 쓰고 또 썼다. 밤과 낮이 없었다.

몇 년 전, 『축소지향의 일본인』을 읽었을 때 너무 내용이 어려워서 덮었던 기억이 있다. 애초에 이 글은 일본 문화를 잘 아는 사람을 전제로 해서 쓴, 즉 일본 사람에게 읽히기 위한 책이었다. 8년간의 자료수집, 1년간의 집필이라는 각고의 노력 끝에 탄생한 이 책은 일본에서 베스트셀러였음은 물론이고 이 책을 읽은 일본인들을 놀라게 하기에 충분했다. 그 결과, 일본인과 일본 문화에 관해 논한 책 중 10대 고전 중의 하나로 꼽힌다.

나는 이 책이 처음에 일본어로 쓰였다는데 큰 의미를 두고 싶다. 처음부터 한국어로 쓰이고 번역되었다면 한국에서는 모르겠지만, 일본에서 이처럼 큰 반향을 불러일으킬 수 있었을까?

한국과 일본의 차이점만을 적어간 것이라서 한국어로 번역될 수 없는 부분이 반이 넘을 정도였다.

이어령 선생은 처음에 일본어를 한국어로 번역하는 것이 불가능하다고까지 생각했다. 제목부터가 실은 번역이 불

가능한 책이었다.

'축소'라고 번역되어 있지만, 일본의 원말로는 '지지미'이다. 그 어감은 '죄다', '줄이다', '오그라뜨리다' 등의 개념을 담고 있어 꼭 꼬집어 우리말로 옮길 수 없는 말이다.

아무리 한국어를 일본어로, 일본어를 한국어로 번역하는 것이 다른 언어보다 쉽다 해도 한 나라의 말을 다른 나라 말로 옮기는 번역은 그 표면적 의미와 뒤에 숨어 있는 감성을 표현하고, 완벽한 이해가 가능한 수준의 해당 어휘로 바꾸는 것에 분명 일정 부분 한계라는 것이 존재한다.

　일본 작가 우치다 타츠루는『일본 변경론』을 저술하면서 처음부터 해외 독자를 의식하며 이웃 나라 사람들에게 '일본을 이해해 주면 좋겠다'는 명확한 의도를 가지고 썼다고 한다. 따라서 처음부터 번역에 신경을 쓰면서 원고를 작성했다고 한다. 즉, 번역했을 때 외국인이 알기 어렵다고 생각할 만한 부분을 가능한 한 쉽고 이해하기 쉽도록 신경 쓰면서 일본어로 글을 쓴 것이다. 이런 사실은 글을 쓰는 작가들이 참조할 만한 팁이다. 어떤 출판 관계자는 "번역될 것을 고려해서 글을 쓰는 것도 좋은 전략이다"라고까지 말한다.

이어령 선생은 한국어판을 낸 소감에서 "우리 주변에는 일본 문화를 알 만한 책이 너무나도 부족하다"고 안타까워했다. 하지만 이 책 이후 수 십 년이 지난 지금도 일본 문화를 알만한 책은 여전히 부족하다.

일본에 대해 잘 알려면 일본어를 알아야 한다. 일본어를 알아야, 그들의 언어를 알아야 그 언어 깊숙이 박혀 긴 세월을 흘러온 그들의 숨결도 느껴질 것이다. 일본 문화론은 일본어, 일본 사람에서 시작되어야 한다. 『축소지향의 일본인』을 읽은 하가 도루 도쿄대 교수는 《가쿠신》에 아래와 같은 내용을 기고했다.

이것을 읽지 않고는 일본인의 자기 인식의 혁신은 있을 수 없다. 그건 그렇다 치고 일본인이 한국에서 한국말로 이처럼 능란하게 한국 문화를 논할 날은 대체 언제쯤이면 올 것인가.

한국과 일본 서로의 문화에 대한 이해를 바탕으로 한 좋은 책들이 양국에서 많이 나왔으면 하는 바람이다.

일본 문화 칼럼

# 학교에서 배울 수 없는 일본문화

3년 정도 일본에서 일본인들과 같은 사무실에서 일했습니다. 2001년에서 2004년 사이였습니다. 보통 한 달에 한 번 2주 동안 출장을 가거나 길 때는 한 달 내내 일본에 있기도 했습니다. 일본인들과 같이 일하면서 우리와 다른 문화적인 차이나 일에 대한 태도 때문에 특이한 경험도 많이 하고 궁금한 점도 많이 생겼습니다.

저녁에 야근하면 한국에서는 "다 먹고 살자고 하는 일이잖아" 라며 저녁 식사를 하고 일을 하는 데, 일본 사람들은 밥을 먹지 않고 간단한 간식으로 저녁을 때우고 일을 하는 경우가 대부분이었습니다.

또 점심시간에 다 같이 가서 밥을 사 먹거나 하지 않고 각자 먹는 경우가 많았는데 어떤 문화적 차이 때문인지 무척 궁금했습니다.

나름대로 궁금하게 생각하는 문화적 특징이나 사회 현상에 대해 아마도 이럴 것이라고 혼자 추측은 해보지만, 속 시원한 답을 구하기는 쉽지 않았습니다.

결국, 일본인 친구들에게 물어보게 되는데 매번 질문하기도 쉽지 않은 일이었습니다. 그러다가 마에다 히로미의 『학교에서 배울 수 없는 일본문화』를 읽고 무릎을 '탁' 쳤습니다. 대부분의 의문이 해소된 것은 물론이고 일본인에 대해 더욱 많이 알게 되었습니다.

이 책의 저자는 저와 반대로 한국에서 직장 생활을 한 경험이 있습니다. 그런 경험이 있었기에 한국과 일본의 문화 차이나 일에 대한 태도나 스타일의 차이를 잘 느꼈을 겁니다. 일본 문화에 관한 이야기뿐 아니라 일본에서의 상하 관계나 일본 직장인에 관한 이야기가 많아서 저는 흥미를 끌었습니다.

저도 일하면서 일본인들이 설계나 사전 준비 등을 상당히 철저히 하는 것을 보고 인상 깊었는데 이 책에도 비숫한 내용이 나옵니다. 일본인과 일을 할 때 계획서나 기획서를 작성하면 절대 변경이 없어야 한다고 말합니다. 한국처럼 '나중에 변경하면 되니까 일단 만들고 보자'라는 방식은 절대 통하지 않습니다.

그리고 일본인들은 일을 '빠듯하게' 하는 것을 싫어하고 항상 여유를 가지고 진행하려고 합니다. 이런 한국과 일본의 차이를 잘 안다면 비즈니스를 하거나 일본에서 생활하는 데 많은 도움이 될 것입니다. 일본 문화에 관심이 있거나 일본인과 일을 한다면 꼭 이 책을 읽어보라고 권해 드립니다.

# 고령화와 인생 이모작

"열이 40도다! 이걸 어쩌지?" 4년 전 여름, 일본 휴양도시 미야자키에 간 첫날 밤, 둘째 아이가 탈이 나고 말았습니다. 아무리 한여름이지만 아이스크림 흡입 후 풀장에서 3시간 놀기는 다섯 살 아이에게 무리였습니다. 밤새 한숨도 못 자고 물수건으로 아이 열을 내리느라 진땀을 뺐습니다.

고요하기만 한 태평양을 밤새 바라보며 "내가 왜 이 여행을 왔나, 아니고…" 이러면서 새벽을 맞이했습니다. 날이 밝자, 밤새 저의 원망을 들어서인지 바다는 더 파랗게 멍이 들어 보였습니다.

천만다행으로 열은 쑥 내렸지만 아이 입과 입술에 물집이 잡혀있었습니다. 아침에 호텔 프런트에서 받은 근처

소아과 지도를 들고 호텔 로비에서 택시를 탔습니다. 기사 할아버지는 한눈에도 70살은 넘어 보이셨습니다. 안 그래도 몸과 마음이 피폐해진 저는 삐딱한 마음이었습니다.

　'할아버지가 길은 잘 아실까?'

소아과로 간다며 종이를 보여 드리자 흘낏 보시더니 '아~' 하십니다. 그러더니 별말씀 없으십니다. 괜한 걱정을 한 제가 무안할 정도로 길을 잘 아십니다. 한 15분쯤 지나 목적지에 도착했습니다. 타고 가면서도 걱정은 계속되었습니다.

　'호텔로 돌아갈 때는 어떻게 하나? 이 동네는 택시도 별로 안 다니는데 이 더운 날에 아픈 아이랑 아이 둘이나 데리고……'

인사하고 내리려는데 기사님이

"한 시간 이내면 주차장에서 기다릴게요. 병원에 가서 얼마나 기다리면 되는지 물어보고 와요."

아, 이렇게 고마울 수가. 우리가 호텔에 가기가 쉽지 않다는 걸 알고 배려해 주신 겁니다. 병원에 가 보니 사람이 많지 않아 한 시간 이내가 가능할 것 같았습니다. 얼른 기사 할아버지에게 기다려 달라고 부탁을 했습니다.

일본에서 병원에 간 것은 처음이었습니다. 접수하고 기다리며 병원 안 이곳저곳을 구경했습니다. 아침 8시 30인데 벌써 우리를 포함한 대기 환자가 8명이었습니다.

한 15분쯤 기다려 순서가 왔습니다. 의사 선생님도 나이가 꽤 있으셨습니다. 적어도 70살은 넘어 보이셨습니다! 병원이 아기자기 예쁘게 꾸며져 있기에 의사가 젊은가 생각했던 저는 조금 놀라기도 하고 당황도 했습니다.

한국에서는 나이가 좀 있는 소아과 의사를 대학병원이 아니면 정말 만나보기 어렵습니다.

아, 저는 또 약간의 불신을 하고 있었습니다. 제가 왜 이러죠? 그러나 진찰하시는 모습을 보고 다시 걱정이 사라

졌습니다. 아무래도 수족구 같은 병인 듯하다 말씀드렸더니 아이를 정말 면밀하게 살피십니다. 안경도 안 끼셨습니다. 아이의 작은 손바닥을 보고 보고 또 보십니다. 거의 코가 닿을 정도로 몸을 숙여서 말입니다. 청진기로 아이의 폐 소리도 듣습니다. 너무나도 열심인 그 모습을 보고 저는 감동했습니다.

"수족구는 아닙니다. 안심하세요."

확신에 찬 목소리. 그 순간 저는 정말정말 안심했습니다.

진찰받고 맞은편 약국에서 약을 타니 정말 거짓말처럼 딱 1시간이 지나있었습니다. 택시를 타고 돌아오는 길은 그야말로 룰루랄라 콧노래가 절로 나왔습니다.

타고 가면서는 한마디 대화할 마음의 할 여유가 없었는데 돌아가는 길에는 기사님과 이런저런 이야기도 나누었습니다. 그 더운 날 우리를 한 시간이나 기다려주시다니. 당연히 기다린 한 시간 동안의 요금도 안 받으셨습니다. 앞 문장의 '당연히'는 기사님이 요금을 당연히 받으실

분이 아니라는 의미입니다. (^^)

요즘 한국에서도 고령화, 인생 이모작에 관한 이야기가 이슈입니다. 일본의 여러 사례가 언론에도 많이 소개되고 있습니다. 무려 100살 정도 된 회사원이 있다는 이야기부터 몇 년 전에는 75세의 작가가 아쿠타가와상을 수상했다는 보도도 있었습니다.

한국도 고령화 사회가 빠르게 진행되고 있지만, 그에 대한 인식이 아직 낮다고 생각됩니다. 지난여름, 일본의 실버 파워를 실감해보니 나이 듦의 장점이 새삼 더 느껴집니다. 그것은 바로 여유와 배려와 연륜일 것입니다.

한 시간을 기다려 주는 여유와 배려, 아이가 아파 정신없는 외국인 아줌마를 안심시켜주는 연륜, 그것은 절대 젊은 사람들이 쉽게 가질 수 있는 힘이 아니었습니다.

# 일본, 아르바이트, 그 치열함에 대하여

28살에 일본어학연수를 갔습니다. 당시에는 다 늙어서 잘하는 건가 생각했는데 지금 와서 보니 너무 젊은 시절이네요. 무려 20대라니. 처음 6개월은 공부만 하다가 좋은 자리가 생겨 한국어 가르치는 아르바이트를 했습니다. 한국어를 가르치는 일도 재미있었지만 한국에 관심 있는 일본 사람들과의 교류는 무척 즐겁고 보람 있는 일이었습니다.

짧은 단발성 아르바이트도 몇 번 했습니다. 짧게는 하루, 길게는 3~4일 정도만 하는 아르바이트인데 신선하고 재미있는 경험이었습니다. 한번은 오전 9시부터 오후 6시까지 점심시간 1시간을 제외한 8시간 동안 고등학교 동창회를 알리는 엽서에 주소와 이름을 쓰고 일당 1만 엔을 받았습니다. 하루 동안 그렇게 많은 일본 사람의 이름을 써 보다니. 특이한 아르바이트도 다 있죠?

아르바이트를 소개해주는 재단법인 내외 학생센터라 는 곳이 있어 많은 도움을 받았습니다. 도쿄 신주쿠구에 있는 그곳은 장, 단기 아르바이트 정보를 얻을 수 있는데 모든 정보를 컴퓨터에 입력해서 전산으로 관리하고 있었 습니다. 아르바이트 정보 외에도 자원봉사(보란티어) 상담 도 할 수 있고 외국어를 가르치고 배우려는 사람을 위한 정보도 있었습니다. 유료도 있고 무료도 있었는데 게시판 에는 한국 유학생들의 이름도 많이 보였습니다.

아르바이트를 하려면 일단 등록한 뒤 게시판에서 하고 싶은 아르바이트를 찾아 직원에게 이야기하면 됩니다. 특 별히 면접이 필요 없는 경우는 담당 직원이 직접 일할 곳 에 전화를 걸어서 처리해주고 면접이 필요한 경우는 면접 일자를 정해줍니다. 직원들도 굉장히 친절해서 좋은 아르 바이트가 있으면 개인이 게시판에서 찾아보기 전에 어떤 것이 좋다는 이야기를 먼저 해주기도 합니다.

내외 학생센터에서 일본 학생들도 아르바이트를 소개

받는데 항상 많은 학생으로 붐볐습니다. 의외로 육체노동 아르바이트가 많아서 일본 학생들의 경우 남학생이 많이 방문하는듯 했습니다. 외국인 학생용 게시판도 마찬가지지만 게시판이 두 개로 나뉘어 있어서 한 쪽은 남자들만 가능한 육체노동이, 다른 한쪽은 그렇지 않은 일들이 소개되어 있었습니다.

처음 와서 잘 모르는 여학생들이 육체노동 게시판을 보고 있으면 직원이 와서 "그쪽은 남자들이 힘써서 하는 아르바이트예요"라고 친절하게 이야기 해주는 모습도 종종 볼 수 있었어요.

일본어 학교 친구들이 하는 아르바이트는 다양했습니다. 식당에서 일하는 서비스업종이 가장 많았는데 한 친구는 커피숍에서 서빙을 했습니다. 학교 근처라 오가는 길에 친구가 일하는 카페를 자주 스쳐 지나갔습니다. 인테리어는 젊은이 취향인데 항상 나이 지긋한 손님이 많아 보였습니다. 그래서 친구들이 장난으로 이곳에서 아르바이트하는 친구에 '너 다방에서 일하지'라며 놀리곤 했습니다.

그런데 하루는 이 친구가 아르바이트를 하다가 기가

막힐 일이 있었다는 겁니다. 평소와 다름없이 커피숍에서 서빙을 하는데 갑자기 어떤 일본 할아버지가 친구의 손을 덥석 잡더라는 것입니다. 맙소사.

"그래서 어떻게 했는데?"
"어엉, 한번 씩~ 웃어 주고 손을 뺐지 뭐"
"뭐라고? 하하하"

맥도날드나 롯데리아에서 일하는 친구도 많았습니다.
햄버거 가게에서 일하는 한 친구는 학교 수업 시간에 "특기가 뭐냐"는 선생님 질문에 "햄버거를 빠르고 맛있게 만드는 것입니다"라고 대답해 교실을 웃음바다로 만들었습니다. 맥도날드는 가끔 행사 기간을 정해서 제법 크고 푸짐해 보이는 햄버거를 200엔의 싼 가격에 팔았는데 이 기간만 되면 친구가 너무 괴로워했습니다.
이유인즉슨 빵이 세 겹인 2단 햄버거여서 만들기가 너무 힘들다는 겁니다. 빵을 굽고 패티를 굽느라 항상 손에 작은 화상 상처가 있던 친구. 아무 생각 없이 먹던 햄버거에 그런 아르바이트생의 비애가 있을 줄이야!

벌써 15년도 더 지났지만 아르바이트 이야기를 하며 서로를 다독이던 친구들 모습이 떠올라 흐뭇한 미소를 짓게 됩니다. 낯설고 힘든 외국 땅에서 같은 추억을 공유하고 있는 내 친구들.

어제는 봄비가 내렸습니다. 저는 비 내리는 도쿄를 무척 좋아했습니다. 봄비는 마치 도쿄에서의 추억들을 싣고 온 듯합니다. 비는 방울방울 터져 제 가슴을 두드립니다. 아주 기분 좋은 리듬으로, 아름다운 소리를 내면서 말입니다.

# 미야자키 우동 가게 '이와미'

약간 한숨을 쉬는 듯 보이기도 했습니다.

"지금부터 해도 15분에서 20분 걸립니다."

수많은 식당에서 음식 주문이란 행위를 해왔지만, 주문을
했는데 거의 시키지 말라는 뉘앙스로 주인이 답을 한 것은
그때가 처음이었습니다. 약해지는 마음을 다잡고 용기를
냅니다. 저도 질 수는 없죠. 유명하다는 우동, 꼭 먹어봐야
겠습니다. 배도 다 안 찼고.

"괜찮습니다. 자루 우동 하나 주세요."

일본 규슈 남동쪽, 아름다운 아열대 도시 미야자키. 미야자키의 유명 관광지 아오시마 해변에서 아이들과 해수욕을 하며 두 시간 넘게 놀다가 배가 고파졌습니다. 호텔 직원이 준 관광 안내 지도를 보고 걸어서 10분 정도 거리의 우동집에 도착한 때가 오후 3시.

식사 시간을 좀 비켜 가서 사람이 많지 않았습니다. 저희가 들어갔을 때 막 한 팀이 나가고 옆 테이블에 한 무리의 손님이 있었습니다. 우리 일행은 저와 아들, 딸 이렇게 셋이었습니다. 키츠네 우동(유부 우동), 타누끼 우동(튀김 부스러기가 들어간 우동), 유부초밥을 시켰습니다. 먼저, 유부초밥을 하나씩 집어 들었습니다. 유부초밥은 크기와 입체감이 남달랐고 맛도 기가 막혔습니다.

주문한 지 15분이나 지났는데 우동이 안 나왔습니다. 손님도 별로 없는데 이상하다고 생각했습니다. 유명한 가게인 듯 곳곳에 방문한 연예인과 주인아저씨가 같이 찍은 사진과 사인이 걸려있습니다. 이리저리 보다가 테이블 바로 옆 안내문이 그제야 눈에 들어옵니다.

"저희는 면을 주문받은 후에 삶습니다. 그래서 15~20분 정
도 걸립니다"

아, 이걸 몰랐구나! 한참을 기다려 드디어 나온 우동은 역
시나 말로 표현이 안 되는 색다른 맛이었습니다. 일본 우
동 특유의 쫄깃한 식감보다는 신선한 맛이 일품이었습니
다. 역시 기다린 보람은 있었습니다. 반찬은 박하기 그
지없습니다. 쯔께모노(일본식 피클)인데 무 한쪽, 오이 한
쪽. 그나마 아이들이 안 먹으니 제가 다 먹었습니다. 다 해
봐야 6개지만 말입니다.

우동도 양이 좀 작아서 아무래도 더 시켜야 할 듯했습
니다. 시간은 걸리겠지만 우리는 시간이 아주 많은 여행자
였으니까요.

관광안내소에서 받은 자료에 보니 이 '이와미'라는 우
동집은 가마아게 우동으로 유명하다고 써 있었습니다. 사
진을 보니 자루우동처럼 생겼기에 그런가 보다 하고 저희
는 자루우동을 시켰습니다. 주인 아저씨는 좀 부드러운 인
상이었는데 좀 닮은 것으로 보아 아들인듯한 사람이 저희

주문을 받았습니다. 추가 주문을 했더니 안 그래도 웃음기 전혀 없이 시종일관 진지한 표정이던 이 분이 완전 정색을 하고 말한 겁니다. 지금부터 만들어도 15분에서 20분은 걸린다고. 저는 솔직히 주문 거절당하는 줄 알았습니다. 거의 그런 분위기였습니다. 아니면 저희가 시간이 많다는 것을 몰랐던 것이겠죠. 순간 약해지는 마음을 다잡고 주문했습니다. 물론 주문한 우동은 나왔고 저희는 맛있게 잘 먹었죠.

3시에 가게에 들어가서 나올 때가 4시였으니 꼬박 한 시간 동안 그곳에 머물렀습니다. 사실 붐비는 시간이었다면 저도 무리하게 추가 주문을 안 했을 겁니다. 하지만 가게도 한가한 시간이고 다시 한 번 말하지만 저희는 시간이 아주 많았거든요.

나중에 알고 보니 이 이와미라는 우동가게의 주력 메뉴인 '가마아게 우동'은 우동 국수를 따뜻한 국물에 찍어 먹는 음식이었습니다. 자루우동은 차가운 국물에 찍어 먹습니다. 힘들게 시켰는데 그 우동이 가마아게 우동이 아니라 아쉽긴 했지만 어찌 되었든 아주 맛있는 우동을 먹어서

265

다들 만족해했습니다.

아오시마에서 호텔로 돌아가는 택시에서 기사 아저씨께 이와미에서 우동 먹었다 자랑했더니 그 가게는 '미야자키 택시 기사들이 추천하는 3대 우동 집' 중 하나라며 어떻게 알고 갔느냐고 놀라십니다. 뭐, 저의 뛰어난 정보력 덕분이죠. (^^)

우동 맛도 맛이지만 저는 주문 받던 분이 가장 기억에 남습니다. 매번 주문을 받을 때마다 면을 삶는다는 고집이 있는 식당. 오래 걸리니 안 시키려면 안 시켜도 된다는 배짱이 있는 우동집. 정말 멋지지 않습니까? 이런 것이 장인 정신이겠죠.

아저씨의 무뚝뚝한 되물음에는 한 그릇의 우동도 고객과 약속한 방식으로 반드시 만든다는 의지가 들어있었습니다. 다음에는 가마아게 우동 먹으러 꼭 가겠습니다. 아, 나중에 알았지만 고등어 초밥도 유명하다고 하네요. 꼭 다시 가보고 싶은 우동가게입니다. 그때는 처음부터 모자라지 않게 잘 시킬 테니 추가 주문에 대한 걱정은 마시고요.

# 일본 료칸의 비밀

일본여행 하면 언뜻 떠오르는 말이나 이미지가 있으세요? 언제부턴가 저는 일본여행 하면 일본 전통 여관(이하 료칸 旅館)이 떠오릅니다. 일본 료칸에서 묵었을 때 가장 인상 적이었던 것은 바로 '이부자리 깔기'였습니다. 아니 더 정확하게 말하면 우리가 까는 것이 아니니 '이부자리 깔아줌 받기'라고나 할까요.

마쓰에의 다마츠쿠리(玉造) 온천 가에 있는 마츠노유 (松のゆ)에서 갔을 때의 일입니다. 방에서 거한 저녁 식사를 마친 후 조금 있으니 '이불 깔아 주는 그분'이 오셨습니다.

그냥 이불을 간다고 생각하면 안 됩니다. 바닥에 요를

깔고 그 위에 깨끗한 흰 면 시트를 활짝 펼친 다음 네 면을 모두 이불 밑으로 꼭꼭 집어넣습니다. 우리 가족이 4명이었으니 무려 4개의 요를 모두 해주었습니다.

방 한쪽에 서서 처음 보는 그 광경을 넋을 놓고 쳐다봤습니다. 특히 아이들이 너무 재미있어했습니다. 한 번도 본 적이 없으니 신기했을 겁니다. 이불을 까는 작업은 쉽지 않아 보였고 보는 우리가 조금 부담이 될 정도였습니다. 료칸 직원은 이불을 다 깔아주고 인사를 하고 나가는데 그냥 보내기가 미안할 정도였습니다. 팁이라도 드려야 하나라고 생각했는데 어, 벌써 휙 나가버렸습니다.

그날 밤 너무나도 폭신폭신하고 보송보송한 이불에서 기분 좋게 잠을 청할 수 있었습니다. 원래 저와 딱 붙어서 자던 당시 4살 딸아이도 자신의 이불에서 잔다고 할 정도로 이불의 위력은 대단했습니다. 료칸 직원이 그렇게 힘들어서 정성껏 직접 이불 까는 것을 보지 못했다면 아이는 혼자 그 '특별한' 이부자리에서 자겠다고 생각하지 않았을 것입니다. 오직 한 사람만을 위한 이부자리에서 말입니다.

저녁 식사가 끝나고 유카타 차림으로 바닷가를 산책하고 돌아가니, 어느새 이불이 펴져 있었다. ⋯ 어릴 적, 할머니 댁에 가면 할머니는 손자들을 이렇게 해줬다. 집주인은 할아버지인데 아이들은 한결같이 '할먼네'라고 했다. 그곳에 가면 일방적인 배려를 받기 때문이다. 일본 전통 여관에서는 할머니의 손길과 같은 일방적인 배려를 돈을 주고 살 수 있다. 오벤또나 이불 깔아주기와 같은 일방적 배려에 대한 일본인들의 집착은 '아마에(甘え)'라고 하는 일본인 특유의 정서 때문이다. '아마에'란 원래 '달다, '달콤하다'라는 형용사가 명사화된 것으로, '응석 부리며 의존하는 태도'를 뜻한다.

- 〈일본 열광〉 김정운

엄마에게 받던 배려와 이불을 깔아주는 료칸 직원의 배려는 거의 동급으로 아이에게 작용한 것 아닐까요. 그날은 태어나서 엄마 옆에 붙어서 자지 않아도 되는 첫날이었습니다. 왜냐하면, 이불이 있었기 때문입니다.

료칸에서의 경험은 심리적 만족감이 높습니다. 일본의 전통 료칸은 새로운 것을 체험하고자 하는 여행의 목적을 달성하는 데 부족함이 없습니다.

　다음 날 아침 식사 뒤 온천가 산책을 하고 공항으로 가기 위해 짐을 쌌습니다. 호텔 로비에서 택시를 불러 달라고 요청하고 현관 앞을 무심코 보다가 또 한 번 제 눈이 휘둥그레졌습니다. 제 이름이 대문짝, 아니 대문보다는 작게 현관에 떡하니 걸려 있는 것이 아닙니까.

　료칸에 들어올 때는 보지 못했는데. 어쨌든 제 이름이 적힌 안내판을 보니 괜히 기분이 더 좋아졌습니다. 이 료칸에서 나를 이렇게까지 대접하고 있구나라는 생각이 들면서요. 다음번 일본 여행에서도 꼭 료칸에서 1박하고 싶다는 생각이 듭니다.

歡　迎

| 伯耆大山と出雲大社 世界文化遺産の石見銀山遺跡 | 出雲大社正式参拝と 足立美術館 | オークツアー山陰路三日間 | 長野誠売山陰名湯めぐり | くにびき学園十一朋圏会同窓会 | CHOI SUJIN 様 | 持田 様 | 尾崎 様 山根様 | 宇髙 様 上田様 | 豊島嶺 様 佐々木様 | 森 様 下新原様 | 杉本 様 福場様 |
|---|---|---|---|---|---|---|---|---|---|---|---|
| 御行様 | 御行様 | 御行様 | 御行様 | 御行様 | 御行様 | 御行様 | 御行様 | 御行様 | 御行様 | 御行様 | 御行様 |

일본어 공부 하고 싶게 만드는 책

# 일본어로 당신의 꿈에 날개를 달아라

1판 1쇄 인쇄    2015년 1월 23일

2판 1쇄 발행    2019년 3월  4일

지 은 이    최수진

펴 낸 이    최수진

펴 낸 곳    세나북스

출판등록    2015년 2월 10일 제300-2015-10호

주     소    서울시 종로구 통일로 18길 9

홈 페 이 지    http://blog.naver.com/banny74

이 메 일    banny74@naver.com

전 화 번 호    02-737-6290

팩     스    02-6442-5438

I S B N    979-11-87316-47-3 03320